陕西省科技人才流动的影响因素及优化策略研究，课题号：2
陕西省创新人才培养模式改革与实践研究，课题号：xjy1717

经济管理学术文库·管理类

# 组织创新氛围对员工创新行为的影响研究

Research on the Influence of Organizational
Innovation Atmosphere on Employee
Innovation Behavior

于　睿／著

经济管理出版社

ECONOMY & MANAGEMENT PUBLISHING HOUSE

**图书在版编目（CIP）数据**

组织创新氛围对员工创新行为的影响研究/于睿著. —北京：经济管理出版社，2020.1
ISBN 978-7-5096-7023-1

Ⅰ.①组… Ⅱ.①于… Ⅲ.①企业创新—创新管理—研究 Ⅳ.①F273.1

中国版本图书馆 CIP 数据核字（2020）第 022097 号

组稿编辑：杨国强
责任编辑：杨国强　张瑞军
责任印制：黄章平
责任校对：赵天宇

出版发行：经济管理出版社
　　　　　（北京市海淀区北蜂窝 8 号中雅大厦 A 座 11 层　100038）
网　　址：www. E-mp. com. cn
电　　话：（010）51915602
印　　刷：三河市延风印装有限公司
经　　销：新华书店
开　　本：720mm×1000mm/16
印　　张：13.75
字　　数：210 千字
版　　次：2020 年 5 月第 1 版　　2020 年 5 月第 1 次印刷
书　　号：ISBN 978-7-5096-7023-1
定　　价：88.00 元

# 前　言

创新是经济发展的直接动因。如今，全球经济已经由传统农业经济、工业经济向知识经济转变，对知识资源的获取、利用及开发已经成为经济增长的重要途径。面对极为复杂严峻的全球经济环境，党的十八大明确提出，着力增强创新驱动发展新动力，全面深化经济体制改革，实施创新驱动发展战略。可以看出，国家已经从战略层面为整个创新驱动经济发展创造了良好的外部环境。在社会经济发展过程中，企业是创新的主体，企业中的知识型员工是创新的核心力量，如何促进知识型员工开展创新行为活动是推进企业创新、社会创新的关键问题。尤其是在国家实施创新驱动战略环境下，探讨企业组织创新氛围对员工创新行为的影响作用机制显得尤为重要。

组织创新氛围作为一种个体对组织客观环境的主观认知，对员工提高创新技能、组织提升创新绩效十分重要。大量学者研究发现，当组织满足员工工作所需，提供支持和帮助时，他们会更加积极主动地完成组织所交代的任务。然而，我国有关组织支持感的研究起步较晚，在实证研究中通常将其作为因变量，有关组织支持感的中介效应相对匮乏。基于此，本书分别将组织支持感的工具性支持感维度与情感性支持感维度引入组织创新氛围对员工创新行为的影响研究中，探究它们的中介作用。

首先，本书归纳总结了有关组织创新氛围、员工创新行为和组织支持感、领导成员交换的相关研究，夯实理论基础，构建概念模型并提出研究假设；其次，选取已有研究中成熟的测量量表设计调查问卷，并运用 SPSS 19.0 软件对数据进行处理与分析，包括信效度检验、相关性分析、回归分析、中介效应分析，以验证所提出的假设；最后，通过对 230 份有效问卷分析表明：组织创新氛围不仅直接影响员工创新行为，而且能够通过组织支持感的中介作用间接影响员工创新行为。其中，组织创新氛围的同事支持、主管支持、任务特征、组织理念维度均显著影响员工创新行为，而资源供应影响未得到证实，主要原因在于资源获取的难易程度会影响员工创造力的发挥；组织创新氛围的任务特征与组织理念显著影响员工的工具性支持感和情感性支持感，而同事支持、主管支持、资源供应对其影响均未得到证实，主要是因为在中国文化背景下，员工对组织创新氛围的理解更多地倾向于组织层面，容易忽略组织内部同事的支持，且他们在考虑主管支持时，易受到情绪智力的影响；组织支持感的工具性支持感与情感性支持感维度均正向影响员工创新行为，它们的中介作用显著。

本书在撰写过程中，参考和借鉴了大量有关公共体育服务的书籍和资料，在此向有关专家和学者致以诚挚的谢意。由于时间和精力有限，书中难免存在错误或遗漏之处，恳请广大读者批评指正。

# 目　录

# |第一章|

# 绪 论

政治经济学家约瑟夫·熊彼特（Joseph Alois Schumpeter）在其著作《经济发展理论》中曾指出，创新是创建一种新的生产函数，并引入生产体系；它不同于技术发明，而是将技术变革引入经济组织；创新是经济发展的直接动因（熊彼特，1990）。在社会经济发展过程中，企业是创新的主体，企业中的知识型员工是创新的核心力量，如何促进知识型员工开展创新行为活动是推进企业创新、社会创新的关键问题。尤其是在国家实施创新驱动战略环境下，探讨企业组织创新氛围对员工创新行为的影响作用显得尤为重要。

## 第一节 研究背景

### 一、实践问题

近几年，全球经济增长速度恢复缓慢、复苏脆弱失衡、结构改革举步维艰，世界各主要经济体纷纷施展良策，意图寻找新的经济增长点，培养经济增长新动力，创新驱动成为不二之选。面对极为复杂严峻的全球经济环境，中国共产党第十八次全国代表大会明确提出，坚持解放思想、改革创新，抓住重要战略机遇期，在全面建设小康社会进程中推进实践创新、理论创新、制度创新，着力增强创新驱动发展新动力，全面深化经济体制改革，实施创新驱动发展战略，加快步入创新型国家行列。2016 年政府工作报告中也指出，创新是引领经济发展的第一动力，必须将其摆在国家发展全局的核心位置，未来五年国家将依然强化创新引领作用，深入实施创新驱动发展战略，不断迈向创新型国家和人才强国行列。可以看到，目前我国政府已经从国家层面提出了"大众创业、万众创新"的发展方针，从战略层面提出了创新驱动发展战略，为整个创新驱动经济发展提供良好的外部环境。

如今，全球经济已经由传统农业经济、工业经济向知识经济转变，对知识资源的获取、利用及开发已经成为经济增长的重要途径。在国家实施创新驱动战略环境下，企业作为国家经济发展的重要构成组织，创新是其自身持续发展、获取竞争优势的唯一选择。随着经济全球化的飞速发展，企业生存环境发生了巨大变化。

（1）市场竞争压力越来越大。随着市场开放程度日益扩大，全球范围内同类企业同台竞技，潜在进入者也虎视眈眈，市场竞争愈演愈烈。

（2）产品研发压力不断增大。科技日新月异，技术更新速度越来越快，技术标准也不断更新换代，同业新产品纷至沓来，企业产品更新面临较大压力。

（3）顾客需求压力持续加大。随着顾客消费经验的不断增加以及产品选择自由程度加大，顾客需求呈现出个性化、动态化和多样化的趋势，准确获取顾客需求成为难题。

（4）资源环境约束不断加剧。随着环境恶化不断加剧、资源稀缺日益凸显，自然环境和经济社会对企业的资源环境约束不断趋紧。这些问题都迫使企业不得不寻找维持生存和发展的竞争优势。此时，创新亦成为不二选择。Afuah（1998）指出，创新是企业获得以及维持自身竞争优势的关键，丧失这一能力必定会导致企业失败。由此可以看出，面对激烈的全球市场竞争，企业需要应对外部复杂多变的经营环境，塑造自身创新和商品化新技术的能力与流程，提升"全球创新"能力（Porter，2001）。

尽管企业是创新的市场主体，但创新的根源却存在于企业员工（刘云，

2010)，员工是企业实施创新战略的核心力量。员工在组织中能否有效地开展个体创新行为活动，是影响企业创新能力的重要因素。Shalley（1995）指出，知识型员工创新行为是组织创新的核心要素，是推动组织创新的基础力量。那么，如何促进知识型员工的创新行为呢？目前，为了激发知识型员工创新热情、促进开展个体创新活动，大多数企业专注于基础设备建设、改善员工工作环境、提高工作薪酬待遇、提升生活福利水平等营造组织氛围方面，然而收效不佳。这主要是因为很多管理者缺乏对知识型员工创新行为影响因素的深入认识，不清楚组织创新氛围对知识型员工创新行为的影响机制。在创新战略环境下，为了促使知识型员工产生创新行为活动，需要对以下问题进行探讨：

（1）企业营造良好的组织创新氛围是否对员工创新行为产生影响？

（2）在组织创新氛围对员工创新行为影响过程中，是否存在其他因素的中介作用？其影响机制是什么？

（3）如果存在中介因素，那么这些中介影响因素的作用有多大，中介因素之间是否存在差异？

## 二、理论问题

员工创新行为的影响因素是什么呢？其产生的机制又是什么？

员工创新行为是一个复杂的活动过程，受到多方面条件和因素的影响。社会认知理论认为，在一定的环境下，个体行为与其所处的环境之间连续不断地进行着交互作用，一个人对外界的认知能力、自我的调节能力对周围的环境和自我行为产生一定的控制及影响，所以人们的行为由两个因素共同决定：一是个体内在的思维活动；二是外部的环境因素。按照社会认知理论的解释，员工创新行为不是由员工个体动机、本能、特质等个人内在结构决定的，而是由员工个体和组织环境的交互作用决定的（Bandura，1977，1992）。从现有研究成果看，对员工创新行为前因变量的研究中，大多将个体层面的因素变量和环境层面的因素变量分开进行探讨，对个体层面因素和环境层面因素的交互影响作用研究相对较少。

然而，中国情境下的员工创新行为不仅受到个人内在结构变量影响，还受到组织整个权力距离导向因素的影响（曾姿竞，2015）。员工的创新行为是组织创新能力的源泉，而组织创新氛围是影响创新过程的重要因素。组织创新氛围与创新性观点的产生之间存在着正相关的关系，高组织创新氛围的组织会促进新观点及员工创新行为的产生，而低组织创新氛围对创新性观点的实施有着促进作用，但却对员工创新观点的产生有一定程度的抑制作用，其中的原因在于处于低组织创新氛围的个体在对待其他个体时通常会出现不平等的现象，使员工的创造性水平受到抑制，从而影响了创新性观点的产生。为了解决上述企业管理实践问题，本书对影响知识型员工创新行为的相关研究文献资料进行了梳理分析。通过对文献资料汇总分析发现，目前有许多学者对员工个体创新行为进行了相关探讨。一部分学者建立了影响员工创新行为的研究模型。比如，Amabile（1983）提出了创新力成分模型，认为专业领域技能、创造力相关技能以及员工的工作动机三个方面的基本因素影响了员工个体创造力。其中，专业领域技能主要包括专业知识、技术技能以及特殊才能等，创造力相关技能主要包括适当的认知风格、有益的工作风格以及探索知识产生新奇想法等，员工的工作动机主要包括工作态度和工作个人动机感知。Amabile（1988）又提出了创造力过程模型，分析了内在工作动机、工作领域技能和创造性技能对个体创造力行为过程的影响作用。Scott和Bruce（1994）从相互作用的角度提出了个体创新行为的假设模型，认为个体创新行为是个体、领导、工作团队和创新氛围四个系统相互作用的结果。另一部分学者的研究则更多专注于员工创新行为的影响因素及作用关系，主要是从个人特征（Shalley，1991；Oldham 和 Cummings，1996；Zhou，2007 等）、领导行为（Tierney，2003；Amabile，2004；George，2003；等等）、组织文化（Woodman，1993；Claxton，1997；Anderson 和 West，1998等）、工作氛围（刘云，2010；甄美荣，2012；Amabile 等，1996）、工作特征（Farmer，2003；Shalley，2009；Bunce 和 West，1994；等等）、团队特征（Shin 和 Zhou，2007；Hirst，2009；等等）、关系网络（Perry-Smith，2006；Zhou 等，2009）、人与环境匹配（Scott 和 Bruce，1994；孙健敏和王震，2009；刘云和石金涛，2009）等方面进行研究。

经过对员工创新行为相关研究的梳理归纳总结发现，虽然 Amabile（1983）等对员工创新行为的影响因素及作用关系进行了大量的研究，但仍存在一些局限和需要完善的空间。

首先，许多学者虽然探讨了个体、工作和组织三个层面要素对员工创新行为的影响作用关系，但缺乏系统深入的综合分析，并未涉及组织战略、工作氛围对员工创新行为影响作用关系的全面分析。

其次，虽然 Amabile（1983，1988，1996），Scott 和 Bruce（1994）等提出了员工创新行为的影响作用模型，但目前来看还比较散乱，缺乏规范的理论基础，没有对不同层面的前置因素进行深入探讨，不了解各影响因素对员工创新行为的作用机理，存在影响作用黑箱。

最后，现有研究在对影响员工创新行为各前置因素的重要性方面还比较匮乏，很少有学者对不同前置因素的影响作用进行效应分析。

可以看出，目前有关组织战略、工作氛围对员工创新行为影响作用的理论研究方面还存在一些空白，需要做深入的理论探讨和科学的实证检验。因此，本书的主要目的在于探讨组织创新氛围（环境因素）、激励偏好（个体因素）、组织支持感（内部动机）三要素如何导致员工的创新行为。

# 第二节　研究目的和意义

## 一、研究目的

以前的研究结论都证明了组织创新氛围对员工创新行为的影响，但是，组织创新氛围是如何影响创新行为的，影响机理是什么，却不得而知。本书的主要目的是探讨组织创新氛围对员工创新行为的影响过程，这对组织创新氛围理论研究的延续具有重要意义。另外，我国的市场环境和文化特征与西方国家显著不同，所以以西方国家为背景建立的组织创新决定和影响理论在我国的适用性及有效性都存在疑问。因此，在我国独特的文化背景和经济环境下探讨组织创新氛围对员工创新行为的影响机理，不但可以检验国外技术创新理论的一般性，也可以促进我国组织创新氛围研究领域的延伸。

为了解决企业管理实践问题、弥补学术研究理论缺陷，结合对员工创新行为相关领域文献资料研究的深思，本书通过对工作动机、员工激励及创新行为等相关理论和研究内容的梳理归纳，明确本书的理论基础；基于对各相关变量的概念界定，依据社会控制理论内容、心理学"S-O-R"模型研究范式，本书从外在控制层面上重新界定组织创新氛围变量，从内在控制层面上提炼出影响员工创新行为的中介变量，构建出外部环境、心理状态和个体行为三个层面的影响作用机制模型，提出相关研究假设；在此基础上，采用大样本数据，运用多元线性回归分析方法对本书提出的影响关系模型进行定量分析检验。具体来看，本书将试图解决以下三个问题：

（1）依据社会控制理论，提炼出组织创新氛围影响员工创新行为的中介变量；

（2）依照"S-O-R"模型研究范式，剖析外部环境、心理状态和个体行为三个层面的影响作用机制，深入探讨组织创新氛围对员工创新行为的影响作用；

（3）通过大样本数据对所提出的影响关系模型进行实证检验，提出相关的企业管理借鉴。

随着知识经济时代的到来，组织的竞争环境瞬息万变，必须加强和推动创新，激发员工创新行为，增强企业创新能力，才能不断提高企业竞争力。由于外部环境，尤其是技术和知识的发展，存在着不确定性，再加上组织受到本身资源和能力的限制，在这种条件下，组织要想快速获得知识和进步，必须要将重点置于从企业创新行为至个体创新行为的拓展。本书在关于组织创新范围研究的基础上，从社会认知理论的角度，引入有关个体的组织支持感和创新性行为的调查及研究成果，从而揭示组织创新氛围对个体创新行为的影响因素。本书的主要目的：通过现有理论对组织创新氛围是否对组织员工的创新性行为产生显著影响进行分析和实证检验；通过分析组织创新氛围的组成要素与个体创新行为之间的关系，探求组织的创新氛围各要素对组织员工创新行为的影响；在组织创新氛围与员工创新性行为的关系中，分析组织支持感所发挥的中介作用，从而阐释组织创新氛围对组织个体的创新行为的交互影响及内在机制，并且探讨此研究结果所蕴含的管理理论以及现实的政策启示。总的来说，探究组织创新氛围、组织支持感、核心自我评价对员工创新行为的影响问题具有极其重要的理论价值。

## 二、研究意义

本书针对企业创新管理实践出现的重要问题，结合员工创新行为理论研究存在的缺失之处，对组织创新氛围影响员工创新行为的作用机制进行实证研究，具有重要的实践意义和理论价值。

### （一）实践意义

从目前我国企业管理的实践看，企业创新的重要性虽然得到了广泛关注，但国内关于技术创新方面的研究，大部分集中在分析企业创新的外部影响，如资金成本、创新效率、创新风险、国家创新政策等层面上，还没有充分考虑到微观层次的组织行为因素对企业自主创新的重要影响，相关的实证研究更是乏善可陈。我国正处于创新型国家建设的关键时期，企业是创新驱动战略的重要实施主体，知识型员工是执行企业创新战略、推动创新型国家建设的核心力量。然而，目前许多企业注重创新战略下的组织创新氛围建设，对组织创新氛围影响员工创新行为的作用机制还不清楚，对各种不同因素影响员工创新行为的作用关系还缺乏清晰的认识。在此背景下，本书依照社会控制理论和心理学研究范式，提炼出组织创新氛围对知识型员工创新行为的中介影响因素，剖析不同层面因素对员工创新行为的影响作用关系，无疑能够满足企业管理者促进知识型员工创新行为、提升企业整体创新实力的迫切需求，对于促进企业实施创新改革战略，推动我国建设创新型国家都具有重要的实践意义。

本书通过深入探讨组织创新氛围对员工创新行为的影响机理，可以为企业激发和培养员工的创新行为提供相应的理论指导，具有重要的实践意义。

首先，可以为企业营造有利于激发员工创新行为的文化和气氛提供思路，有助于企业更好地实施对创造性人才的管理工作，提高人力资源的创造性绩效，为企业的持续创新和发展提供支持。

其次，了解各因素影响创新行为的机理和过程，将有助于企业更好地展开人力资源管理工作，通过选拔、培训、激励等人力资源策略，提高和培养员工的创造力，最终使企业从中受益。

最后，能为员工识别企业的创新氛围，根据个人的具体情况选择合适的企业或者岗位，取得更好的发展提供一些建议。

## （二）理论价值

员工创新行为是创新管理领域一个重要的研究方向。现有理论研究中，对于组织创新氛围影响员工创新行为的作用机制缺乏深入系统的研究，对多层面影响因素缺乏整合研究，缺乏对不同影响作用关系路径的重要性进行分析。基于这些研究的缺失，本书依据社会控制理论、"S-O-R"模型研究范式，提炼出关键的中介影响因素，构建出三个层面的影响作用关系模型，并通过大样本数据进行实证检验。这些研究工作将能够挖掘员工创新行为的重要中介因素，明确组织创新氛围对员工创新行为的影响作用机制，有助于更加清晰地探明员工创新行为的产生机制，有利于拓宽员工创新行为研究的领域和范畴，具有较高的学术理论价值。

# 第三节 研究内容和方法

为了解决上述理论和实践问题，达成本书的目的，实现本书的价值，本书对研究的内容进行了详细、规范的安排，并采用科学、严谨、规范的方法确保本研究的顺利实施。

## 一、研究内容

依据本书提出的实践和理论问题及欲要达到的研究目的，本书主要从相关理论研究综述、基本概念界定、设计研究框架模型、构建影响关系假设、研究方法设计、样本数据检验等几个方面来实现本书内容安排。基于此，本书的具体研究内容如下：

第一章 绪论。本章根据企业员工创新行为管理实践问题和学术理论研究空白，提出本书研究的主要问题，阐明研究目的和意义，解释研究内容和方法。在当今瞬息万变和激烈竞争的时代背景下，我国高新技术企业有必要增强科技创新能力。研究如何激发员工的创造力以增强组织创新具有的重要意义和价值，也正是本书的研究目的。针对本书提出的研究模型和研究需要，设计了本书的研究路径，同时归纳了本书的研究方法。

第二章 相关理论研究综述。针对本书提出的实践和理论问题，本章通过对工作动机、激励偏好以及创新行为等相关理论及文献的回顾、梳理、归纳和分析，为后续研究提供了翔实的理论基础。

第三章 研究模型构建与假设提出。本章在相关理论研究综述的基础上，对组织创新氛围、组织支持感、员工创新行为等进行概念界定，并依照社会控制理论、"S-O-R"模型研究范式剖析组织创新氛围、组织支持感对创新行为的影响机制，构建相关影响作用关系假设模型。

第四章　研究方法设计。为了实现对上文所提作用关系模型的检验，本章进行了问卷设计，开发出正式的调查问卷，进行了样本数据收集整理和初步分析，对研究变量量表进行了选择，利用样本数据对量表信度和效度进行了检验，介绍了本书所使用的数据分析方法，为假设关系检验提供前提。

第五章　数据分析与结果讨论。本章检验组织支持感在组织创新氛围与员工创新行为之间的中介效应，对所要使用的样本数据进行了描述性统计分析，检验了样本数据的离散程度、分布情况，以及变量间的相关性问题；采用多元线性回归分析方法对作用关系进行了检验，并对其结果进行了分析和讨论。

第六章　组织创新氛围与员工创新行为的调节机制。检验核心自我评价在组织创新氛围与员工创新行为之间的调节效应。

第七章　组织创新氛围与创新人才培养案例分析。本章中主要采用案例分析法来研究组织创新氛围与创新人才培养之间的管理策略，通过分析企业的组织创新氛围对创新人才培养的影响关系，从而在企业资源管理过程中采用实践性有效措施促进创新人才培养，旨在为企业创新人才培养提供理论支撑和实践参考。

第八章　研究结论与展望。本章对本书的主要结论进行归纳总结，重点阐述本书的重要贡献和对企业的管理启示，并指出本书存在的不足之处以及后期研究的主要方向。

## 二、研究方法

本书基于工作动机、员工激励和创新行为相关研究理论及研究文献资料，在变量界定、机制剖析、关系假定和定量检验的过程中，采用二手资料分析、对比分析、逻辑推演、思辨性归纳、定性调研、一手资料收集以及统计分析等科学方法，在注重先进理论方法应用的同时，充分考虑员工创新行为管理实践，注重理论与实践紧密结合、定量同定性综合检验、规范和实证统筹兼顾的方法选择和设计，以此提炼知识型员工创新行为的中介影响因素、剖析各因素间的影响机制、提出各研究变量间的影响关系假设、设计检验关系的研究方法、定量检验影响因素间的关系假设，从而保证本研究能够顺利、科学、规范地实施。

具体来看，本书在相关理论及研究综述部分，采用了二手资料分析、对比分析和思辨性归纳等方法；在研究模型构建和假设提出部分，采用了二手资料分析、逻辑推演、思辨性归纳等方法；在研究方法设计部分，采用了二手资料收集、逻辑推演、思辨性归纳、深入访谈、因子分析等方法；在数据分析与结果讨论部分，采用了逻辑推演、思辨性归纳、描述性统计分析、相关性分析、多元线性回归分析等方法。其中，本书主要运用三种研究方法，分别是文献研究法、问卷调查法、统计分析法。运用文献研究法查找研究的理论基础，界定组织创新氛围、员工创新行为、组织支持感三个变量的内涵，并找出各变量维度划分的依据。运用问卷调查的方法，以企业的员工为研究对象，收集样本的研究数据。运用统计分析方法分析基于研究对象收集到的数据，验证假设。具体来说：

（1）文献研究法。通过对国内外相关文献的梳理，整理出国内外学者对本书的三个变量及维度的划分与概念的界定。通过文献梳理及综合分析概括出符合本书的变量内涵及维度。

（2）问卷调查法。该方法主要应用于样本数据的收集阶段，本书的问卷由国内外学者多次使用的成熟量表构成，具有良好的信效度。将各变量的量表题项进行编码整合形成完整问卷，先进行小规模的问卷发放并回收样本数据，评估数据，运用调整量表形成最终问卷。把问卷发放给研究对象进行填写，填写完成后按一定的规则剔除无效的问卷，最后整理出数据。

（3）统计分析法。运用 SPSS19.0 分析数据，首先分析样本结构，对其进行描述性统计分析。其次求出变量均值，分析变量之间的相关性。最后对各变量进行回归分析，验证假设得出结论。

本书从员工创新行为出发引出组织创新氛围这一前因变量，建立组织创新氛围影响员工创新行为、组织支持感的中介变量、核心自我评价调节作用的模型。根据以往文献对相关变量进行概念界定，并且根据理论总结提出研究假设。将问卷调查法作为主要数据收集手段，通过统计分析方法对问卷结果数据进行分析处理以验证研究假设。

本书的技术路线如图 1–1 所示。

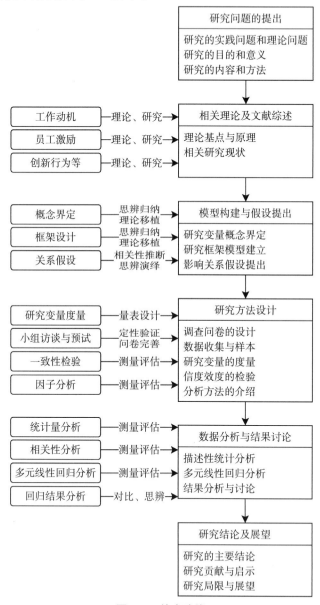

图 1–1　技术路线

| 第二章 |

# 相关理论研究综述

## 第一节　工作动机理论

### 一、工作动机的基本内涵

工作动机是与一定工作行为相关的动机，它影响着人们的工作努力程度和方向。Pinder（1998）给出了工作动机的定义，工作动机指的是一系列引起与工作结果相关的行为，并影响这些行为的形式、方向、程度和维持时间的内部与外部力量。Stee 和 Porter（1975）认为，工作动机有三个主要功能：产生出某种行为需要的内在能量；给人们的行为指出方法；让人们长期地做某一件相同的事情。

### 二、工作动机的结构维度

工作动机的维度研究主要包括二维角度和多维角度两个方面的研究。

#### （一）二维角度

工作动机可以区别为内部动机和外部动机两个维度。内部动机是指从事这种事时只针对事物本身，因为他考虑这个事物有乐趣、能够吸引人的注意力、令人愉悦、能够让人拥有成就感、能够被认可和具有满足感，当人们追求对新奇的事物、兴趣、自我实现及对工作的解决挑战时，称为内在动机驱使。最早内在动机的来源由 Woodworth 在 1918 年提出，他认为个体的感知和行为经常受到兴趣与自我保护的指引，而这些行为让个体有自我成就感。Izard（1977）认为，对事物的兴趣程度是内在动机的关键，它引导人们坚持将工作由始至终，并且自我激励个体探索活动环境。Deci（1975），Gottfried（1983），Woolfolk（1990）等指出，内在动机具有三个层面的含义：一是主动投入到活动中或对某种工作非常向往，渴望追求新事物、新知识、新活动；二是参与新鲜事物仅仅是为了追求一种参与和完成的感觉；三是参与新鲜事物仅仅是出于一种贡献的意愿。内部动机已有研究结果基本一致地认为，内部动机具有适应性，与员工的注意力集中、忘我工作、出色的工作绩效，尤其是无限的创造力存在正相关。Deci（1975）的认知评价理论认为，内在动机来自于个体的胜任感和自我决定感，任务活动的客观特征并不能影响工作任务的激励效果，而是由人们的心理决定完成这些任务活动的意义，当任务完成时，给个体带来了成就感，个体就会感受到激励。Hackman 等（1978）的工作特征模型是被广泛使用的内在动机模型，该模型认为，如果工作特征能给个体带来一种意义感和影响力，那么就能增加这个人的内在动机。

而外部动机是指从事某项活动主要是为了达到独立于该活动之外的某种目的，如获得预期的奖赏、在竞争中获胜、满足某种需要（薪资、同事关系、职位和他人的赞赏）。当人们为达到工作本身以外的目标或资源所形成的限制时，称为外在动机驱使。外部动机又可以分为增益性和非增益性两种，前者能够提供信息，帮助个体更好地完成任务，而后者则使个体感受到控制。

### （二）多维角度

杨红明（2010）认为内在动机对于员工在工作中积极的情感经历、高水平的绩效表现、工作的持久性、满意度以及心理健康状况都有积极的预测作用，通过研究发现，员工在工作特征感知、心理需求满足、内在动机和敬业度水平上存在着显著的个体差异。工作的技能多样性、工作自主性、工作重要性、反馈、上级支持和同事支持作为内在性的工作特征对心理需求满足、内在动机和敬业度分别存在不同程度的促进作用，自主需求、关系需求和胜任需求均具有不同程度的中介作用。张剑、郭德俊（2003）探讨了我国企业员工工作动机的结构及其特征，结果发现，我国企业员工的工作动机可以概括为追求胜任取向、外在报酬取向、他人评价取向、自我决定取向与良好关系取向五个因素。所得到的五因素模型较内部动机、外部动机两维模型更加具体，全面地反映了工作动机的内容。企业员工工作动机的取向与性别、受教育水平等因素有关。

### 三、工作动机的影响因素

许多学者对工作动机的影响因素进行了研究，认为影响因素主要包括个体因素、环境因素和价值观因素三个方面。

#### （一）个体因素

不少研究者针对影响工作动机的个体特征因素进行了深入的探讨和研究，主要包括自主性、自我效能感和个体特征。

自20世纪90年代起，学者们逐渐关注工作动机与个体自主性之间的关系。当个体需求没有得到满足时，个体内部便会产生一种内在的驱动力，这种内在驱动会促使个体做出行为反应以使需求得到满足。例如，当个体产生升职的需求时，就会产生内驱力促使其加倍努力工作，在这种需求得到满足后，相应的内驱力消失。这种理论观点是当有机体的需要没有得到满足时，就会产生驱使个体去纠正或者改善这些没有得到满足的需求。

张剑、张建兵（2010）通过分析阐述了自我决定理论的哲学基础，从有机辩证的视角梳理了自我决定理论的基本思想，并对组织背景中以自我决定理论为指导框架的工作动机研究进行了综述，结论认为满足胜任、关系和自主三种心理需要的组织环境因素是增加内部动机并促进外部动机的内化，进而促进员工的工作绩效与心理健康的有效路径。

### (二) 环境因素

环境因素会影响员工的内在动机和外在动机，个体对环境中事物的感知以及与所从事行为相关的认知会影响个体进行有目的的活动，以此解释动机的产生、变化和消失的原因。

工作任务相关研究表明，高技能与挑战性的工作任务对于员工兴趣的增长具有显著的影响作用，其中学习型或任务型目标的设置会对内在动机产生间接影响。Deci（1989）指出，员工的自主心理需要会受到管理者的领导风格显著影响，如果领导支持员工自主性，这样员工的内在动机比较强，从而使员工产生长期的良好绩效表现和愉悦的心理状态，反之则会减弱员工的内在动机。Tripathi（1992）研究了组织内部竞争对内在动机的影响，结果显示，如果员工与组织其他成员之间的竞争是直接竞争，则会削弱员工的内在动机，而与某客观要求或自己从前的绩效表现进行比较，员工认同是一种间接竞争，从而会增强内在动机。陈子光（1990）研究指出，促进知识分子增强工作动机的原因有：集体工作意识、工作难度和价值、工作结果、工作潜力知觉、工作条件、年龄和工龄。Steers 和 Sanchez-Runde（2002）指出，环境因素包括教育、社会化经历、经济状况、政治法律制度等都会影响到员工的工作动机。王漩、李健（2007）研究指出，良好的沟通、有效的财务报酬和愉快的工作体验都能够对员工的工作动机产生影响。严丹和黄培伦（2011）研究认为，个体在其组织角色上感知到自身重要性就会产生组织自尊，认为自己对于组织具有价值感和有意义，从而产生成就感和自豪感，而这种成就感和自豪感是个体做出行动并有良好绩效表现的内源性动机。孙岚、秦启文（2008）的研究结果显示，自我决定理论按自我决定的高低程度将动机视作一个连续体，指出社会环境可以通过支持自主、胜任、关系三种基本心理需要的满足来促进外部动机的内化，保证人的健康发展。这一理论在教育、保健、体育领域广受关注。国外的学者将该理论引入到对组织行为的研究之中，研究发现，自主支持比受控的工作环境和领导方式更能促进组织公民行为，提高员工的工作绩效、满意度及主观幸福感。

### （三）价值观因素

与内在动机类似的另一个概念是价值观契合，本书讲的价值观契合是组织与员工的契合。员工的内在价值观是自我实现的价值观，包括追求工作中的乐趣、自主、好奇、成长等因素，价值观契合在内容上与内在动机有较高的相似性。但价值观契合表达的是员工对绩效表现和在环境中获得工作结果的价值判断，可以直接影响到员工工作行为的内在体系，与内在动机的特质性及情境性不同。价值观契合可以稳定的特质状态存在。作为员工自身的一种特质，价值观通过影响工作动机从而影响员工的行为。

在个体的人格结构中，价值观是核心动力部分，是能够更好地解释与预期员工在工作环境下的独特行为或表现的变量。Schwart（1999）对价值观的定义是，工作价值观是个体价值观的一部分，超越具体情境思考，能引导个体在工作相关的活动与事情中有所选择及评价，指向期望所产生的结果与行为的一些重要性程度不同的观念及信仰。

价值观的理解，是作为主体的人对所面对事物的有关评价，什么是"更重要的"一种看法或是"更重要的"一种选择。牟海鹰（2001）研究发现，工作价值观决定工作动机的性质、强度，蕴含着持久的工作动机成分。Rokeach（1973）将价值观总结成目的价值观与工具性价值观。目的价值观是个体在一生中想达成的目标，如成就感、舒适的生活；而工具性价值观是个人所偏爱的行为表现方式，或是能达到目的价值的手段与行为，例如负责、独立等。

马剑虹、倪陈明（1998）研究发现，工作价值观与工作动机有着密切的关系。工作行为评价因素与经济报酬驱力呈显著负相关，而与工作价值与意义驱力呈显著正相关；个人要求因素则正相反，与经济报酬驱力显著正相关，而与工作价值与意义驱力显著负相关；组织集体观念因素与工作动机似乎无显著的相关关系。

# 第二节 员工激励理论

## 一、激励相关理论介绍

赵振宇（1994）提出激励的内涵：从激励的角度出发，所谓激励，就是组织者采取有计划的措施和方法，设置一定的外部环境，对成员施加正向强化或负向强化的信息，并借助于一定的信息载体提供反馈，能够引起其内心和思想的反应和变化，使之产生组织者预期的行为，高效地、持续地、正确地达到组织提前设定的目标。吴云（1996）指出，激励理论不只是由单一的金钱刺激到满足多种需求、由激励因素变化到激励条件明晰、由激励本身研究到激励过程的研究的演变过程。郭咸刚（2010）则认为"激励一般是指激发、引发、诱发个体努力追求某一特定目标的行为，并为此而努力"，其实质内容就是将需求与目标和内在主动性这三个相互依存、相互影响的因素连接起来，为了使个体满足自身需要，通过内在动机来驱动，并为此努力实现目标的过程。

## 二、激励因素相关研究

从激励的研究历史看，起初受到关注的因素是物质激励、外在激励和显性激励。但随着人们研究的深入，精神激励、内在激励、隐性激励以及情感和文化激励开始受到越来越多的重视和关注。

### （一）显性激励与隐性激励

一些研究的实际成果表现了这样的结论。Zingheim 和 Schuster（2001）指出，未来提高企业竞争力，获得人才，需要关注四个重要的人才激励因素：公司发展前景良好；更多的个人成长机会；柔和的工作环境；有竞争力的薪酬策略，包括有竞争力的薪资政策、多元化的福利计划、公平的晋升制度和工作得到认可和鼓励等。顾建平（2006）通过理论和实证研究，提出了薪酬政策、市场薪资水平、薪酬结构、计算方式、支付方法五个知识员工薪酬激励体系，并明确指出，该框架体系的中心在于知识员工能够强烈地感受到公平。孙新波、樊治平、秦尔东（2006）将知识员工分为三类：基层知识员工，包括工程师或是初期员工；中层知识员工，拥有主管的头衔，可以管理一个小群体；高层知识员工，拥有经理以上职位，可以领导一个很大的团队。通过对不同类型知识员工内涵特点的分析，提出了激励知识员工的框架模型。

### （二）物质激励与精神激励

石冠峰、韩宏稳（2014）认为，对新生代知识型员工起相对主导作用的激励因素依次为个人成长与发展、薪酬福利、工作挑战性、公司前景、领导素质等。最后，依据上述分析，从提供职业生涯管理、构建激励性薪酬福利体系和关注多元化激励三方面提出激励对策。程文、张国梁（2008）通过对不同高校、不同学科领域的长江学者特聘教授和讲座教授进行背景分析及学术成果调查，剖析高级研究人员的个体特征，提出成就与挑战、个体成长、工作自治、认可和目标导向五个高级研究人员自我激励因素，并构建了基于自我激励因素的个体激励模型。

### （三）情感与文化激励

Gary P. Latham（2002）在对激励的研究中发现，在 20 世纪，对激励的研究主要局限在员工认识和行为方面，员工的情感激励在很大程度上被忽视了。这种情况现在发生了很大的变化。情感激励就是管理者经常与员工进行感情沟通，尊重员工，使员工始终保持良好的情绪和心理状态，并且激发员工的工作热情和工作积极性。我们都知道，人在心情良好的状态下工作，往往思路开阔、才思敏捷，能够快速解决问题，效率很高。因此，情绪能够激发员工的工作动机。创造良好的工作环境，加强管理者与员工之间以及员工之间的情感沟通，是情感激励的有效方式。20 世纪 70 年代后，关于激励的研究除了关注员工的行为和认知以及他们之间的相互作用外，研究者在价值观、目标认知及情绪影响方面的研究有了很大的进展。学者将研究的视角由单独的对人的研究扩大到对民族文化、工作内容、组织文化的相互适应等方面。通过满足员工内心需求的方式进行精神上的鼓励，安抚员工的心理状态，让员工得到理解和安慰。公司需要重视员工的内心想法，让他们对企业有足够的信任和归属感，还要让员工得到必要的尊重。

文化激励大多关注于企业文化。企业文化是企业员工与组织的共同意识和共同价值观念的表现形式，是企业思想发展的指南针。企业文化决定了企业员工的行为。企业文化融入激励管理，不但可以提高员工的工作效率，而且有利于企业营造良好的企业文化。学术界从很多角度对激励制度进行了研究，激励理论的具体思想为现代企业管理提供了丰富的理论支持。不同类型的激励理论奠定了不同的企业文化，形成不同的企业风格。

一些学者的研究体现了情感和文化的激励结果。美国耶鲁大学教授Heimovics 和 Brown（1976）提出了员工与工作相关的十三项激励因素：稳定而有保障的未来、能为社会做出贡献、学到新知识、参加愉快的悠闲活动、改进领导力、施展特长、能够参与做出重要贡献、不用监督、自由工作、良好的同事关系、有较高的社会地位、有高薪和晋升的空间、丰富多彩的工作任务。Graham Little（1998）提出了激励员工的四个主要因素：工作投入感、金钱地位、领导力强和融洽的工作气氛，Graham 认为，以上四个要素合理均衡地被使用，才能从整体上对员工产生激励效果。美国安盛咨询公司与澳大利亚管理研究院合作（1994），对澳大利亚、日本、美国不同行业员工进行分析后，列出了知识员工最主要的激励因素，依次是有竞争力的薪酬福利、工作的内容、晋升、同事之间的关系以及是否有机会影响决策。他们认为，对于工作内容、同事之间的关系和是否有机会影响决策这几个激励因素，知识员工明显要比非知识员工重视。彭剑峰、张望军（2001）对知识员工的激励因素进行了中外对比，对知识员工与非知识员工的激励因素进行了比较，探讨了知识员工的精神激励、文化激励、工作激励、组织激励四大激励模式。他们认为，我国知识员工主要激励因素排在前五位的分别为：有竞争力的薪酬体系和奖励系统；个人的成长与发展空间；公司未来的发展；工作内容是否具有挑战性；工作的保障性和安全性。赵夷岭、段万春（2009）认为，以往对组织承诺前因变量的研究主要集中在个体特征上，很少涉及组织激励因素。

### 三、内在激励相关研究

学术界提出了外生激励和内生激励的概念。最有代表性的是 Porter 和 Lawer（1968）的综合激励理论，该理论首次鲜明地将激励划分为内生激励（Intrinsic Motivation）和外生激励（Extrinsic Motivation）。工资、奖金、福利、旅游、各种补贴、良好的人际关系等是外生激励的表现因素，外生激励是让个体获得独立于行为之外的满足，更多关注的是物质层面；内生激励则指个体在行为过程中获得的满足，这种满足感源于个体对工作本身的兴趣、价值、成就感等，主要关注的是精神层面。内生激励理论认为人的行为是其内在动机、内在需要的结果。因而激励是通过满足或激发人们的内在行为动机以达到期望效果的管理行为；激励的过程理论把行为看作是决策的结果，认为激励应关注人的动机形成和行为目标的选择。

在激励理论的历史长河里，多种激励理论展示了"内生激励"的身影（Dyert Parjer，1975）。例如，Maslow（1943）在其《动机与人格》一书创建的需求理论中，假设一个人在实现高层次需要前，先满足低层次的需要，只有低层次的需要满足之后，才会试图满足相对高层次的需要。比如，在所有的需求之中，生理需求是最低级的，在满足相对高层次需求之前，人最基本的需求是吃饱肚子。在该理论中，Maslow 提出个体会产生某些行为，是因为个体有促进自身成长的需要。在 Maslow 的基础上，Alderfer（1972）进一步将内生激励定义为个体成长的需求，Clark（1998）提出的 CANE 模型（Commitment and Necessary Model）也将主要的视角对准自我激励。他认为，激励有两个步骤：第一步，员工拥有自我效能感，任务价值包括三个内容，它们是重要性、兴趣和效用，最后是坚持性；坚持性越高，自我效能越高。第二步，自我效能感与心智努力。CANE 模型认为，坚持性越高、心智努力水平越高，个体的自我激励水平就越高，也就越有可能完成给定任务。

Deci（1971）对内生激励进行了定义。Deci 认为，当个体产生的行为是来自于行为本身而并非外界的物质刺激时，个体受到了行为本身所产生的内在激励。或者说：即便在没有任何的外部环境激励情况下，当个体希望从事某种行为时，其仍然会感受到愉悦和兴奋，是因为个体需要感觉到自己具有从事这个行为的胜任力和对行为决策的自我掌控权，这种成就感和自我决定感来自于内部，是个体对自我的感知，与外界因素无关。所以，内生激励来自于行为本身带给个体的胜任感和自我控制感。陈春花、刘祯（2011）探讨了企业对于外在激励的最优供给策略。研究表明：随着员工内在激励水平的提高，企业对于外在激励的最优供给水平并不一定因此而降低；在员工内在激励发生变化的情形下，企业是否增加、减少或维持其外在激励的供给水平，实际上取决于收益函数对员工努力水平的二阶导数；随着员工内在激励的提高，企业所提供的最优外在激励无论是增加、减少还是不变，员工的总激励都会提高，且企业利润是员工内在激励的增函数。

在此基础上，有学者进一步提出了认知评价理论。他们认为个体对行为胜任能力的感知和自我控制的感知，决定了内生激励水平的高低。当个体在行为过程中受到外界物质刺激时，个体会认为行为的发生源自外部环境的需要而非自我内在需要，因此若外界物质环境消失，个体行为的内生激励因素会降低。也就是说，当个体感知到某种行为是受到外部控制而非自我决策时，个体内生激励的效果会减弱。

## 四、激励偏好

### （一）激励偏好概念的界定

1. 激励与工作动机的相关研究

激励一直备受国内外学者的广泛关注，不同的学者从不同角度对激励概念进行了大量的研究。激励最早由英语单词"motivation"翻译而来，也有学者将其翻译为动机。Charles 和 Senter（1995）将二者结合起来，认为促使人们产生某项行为的动机被称作激励。激励与动机虽然存在着紧密联系，但同时又有着本质的区别。激励是在满足员工需要的基础上，采取一定的方法和手段来激发员工产生积极行为的过程（Steers 和 Porter，1987）；动机是一种看不见的内生状态，它产生于个体自身的偏好或认知，是独立于激励因素的一种心理状态，工作或管理的激励措施会对其产生一定的调节作用（Deci，1976；张春兴，1994）。

关于激励的类型，主要通过不同的激励方式进行分类，普遍为人们所接受的有物质激励和精神激励、外在激励和内在激励等。而关于工作动机的类别，学者们根据动机究竟是一种状态变量，会随工作环境的因素改变而变化，还是一种稳定的特质变量，存在于个体之中，将其划分为情境型动机和特质型动机。情境型动机是和激励方式紧密联系的，受到激励因素的影响，受外在激励因素（报酬、晋升、他人肯定等）影响而产生的动机被称为外在动机，受内在激励因素（个人兴趣、工作的挑战性、趣味性等）影响而产生的动机则被称为内在动机。特质型动机则将动机看作人格特征的组成部分，其中学者 McClelland（1972）在研究学生的成就动机时发现，成就动机作为一种稳定的特征可以持久地存在于学生之中，说明动机具有纵向的稳定性。另外，有学者研究指出，动机特质是人格特质的一种，就如同气质、能力存在于人体之中，具有横向的稳定性（Guilford，1975）。本书在研究激励和动机的过程中，将动机作为一种人格特质，而这种特质会受到外在因素的影响，外在情境会引起不同动机。

2. 激励偏好的概念

在将工作动机看作人格特质的基础上，Amabile 等（1994）提出了激励偏好（Motivational Orientations）的概念。个体如果偏好内在激励因素，工作行为易受到内在动机的影响，这被称为内在激励偏好（Intrinsic Motivational Orientation）；个体如果偏好外在激励因素，工作行为容易受到外在动机的驱使，这被称为外在激励偏好（Extrinsic Motivational Orientation）。

Amabile（1994）指出，内在激励因素包括工作自主性、对工作的好奇心、享受工作本身所带来的乐趣；外在激励因素包括金钱、他人对自己的评价及其他有形的激励。Deci 和 Ryan（1999）将内激励偏好看作一种认知状态，个体因为工作兴趣和工作挑战性而去从事某项工作任务，此观点和 Amabile（1996）将工作的乐趣性和挑战性作为内激励偏好衡量标准的看法有很大的相似性。Pintrich 和 Schunk（1996）认为，外激励偏好的个体将完成工作作为一种目标，一种可以获得财富和名望的手段。Carol 和 Judith（2003）指出，激励偏好是指人为了与任务本身不相关的因素而采取行为，如金钱、奖惩、别人的评价等；或者是以个人价值和期望的得以实现来进行决策（Deci 和 Ryan，1985）。

**（二）激励偏好的维度与测量**

关于激励偏好的测量，Susan Harter（1981）在研究学生的学习导向时将激励偏好划分为五个维度，分别是：偏好挑战 VS 偏好简单的工作；好奇/兴趣 VS 老师认可；独立掌握尝试 VS 依赖老师；独立判断 VS 依赖老师的评判；内在对成败的评价标准 VS 外在对成败的评价标准。Harter 编制的量表主要用来测量个体间的差异，并没有把内外激励偏好看作是一种稳定性的人格特质，而是一种可能随着情境改变的某种特殊情况。

Deci 和 Ryan（1985）编制了个体原因倾向量表，包含自主、控制和非个人倾向三个维度。虽然他们没有明确指出这一量表可以测量激励偏好，但指出了因果关系倾向与激励偏好存在联系，如倾向自主的个体更能体验到内在激励，倾向控制和非个人的个体能体验到更多的外在激励。

Amabile 等（1994）编制了正式的工作偏好量表（Work Preference Inventory，WPI），用于测量个体的内外激励偏好。该量表将激励偏好划分为两个维度，每个维度包括 15 个条目，总共包括 30 个条目，其中内外激励偏好又各自包括两个维度。蔡答通等（2004）对 Amabile 等开发的 WPI 量表进行了修正，将由 30 个条目组成的量表简化为 12 个条目。刘云、石金涛

（2009）在蔡答通等研究的基础上，开发出有待验证的工作偏好量表，正式量表包含 8 个条目，其中内外激励偏好各包含 4 个条目。

目前国内关于激励偏好的维度及测量没有形成较为统一的意见，但通过多方的研究发现，Amabile（1994）编制的激励偏好量表适用于我国国情，包括学校及企事业单位领域，因此，本书也将参照学者 Amabile（1994）编制的量表在后续研究中进一步验证。

### （三）激励偏好的作用机制研究

国外对于激励的研究最开始集中于激励的影响因素和结果变量。激励理论中经典之一的双因子理论很早就提出，个体会受到两种激励因素的影响，一种是与工作本身相关的内在激励因素，另一种则是与工作环境相关的外在激励因素。当内在激励得到满足时，个体会产生满意感；而当外在激励因素（保健因素）不能保证时，个体会产生不满意感，但即使能够得到外在激励，个体也只会产生不满意感，而不能达到满意（Herzberg，1959）。这一理论不仅提出了激励因素的分类，也从侧面证实不同激励因素会对工作满意度产生不同影响。但正如双因子理论一样，早先国外对于激励的研究都将人的动机看作是暂时的，并且每个人都会对内外激励因素产生需要。但在特质型动机提出激励偏好概念后，不少研究开始证实个体对激励偏好是存在差异的，拥有不同水平成长需求强度的人对工作的多样性、自主性等需求是有区别的（Hackman 和 Oldham，1976）。当不同激励偏好在个体中存在差异时，会对个体产生怎样的作用及哪些因素会对激励偏好的形成有影响就成为学者们新的研究方向。Hackman 和 Oldham（1980）研究发现，两种激励偏好都较高的人会产生积极心理状态，从而产生积极的工作行为。Amabile 等（2001）在以高校学生为研究对象时发现，具有较高内激励偏好的人会对学术有更大的兴趣，从而比其他学生取得更多的学术成果；另外，年龄会对外激励偏好有一定的负向影响，随着人的年龄增长，薪酬上的奖励、职位的进一步提升对其的影响在降低。人口统计因素会影响个体对不同激励的偏好程度（Tony Simons，1995）。

国内关于激励偏好的研究虽然起步晚，但也有着丰富的研究成果，分别从激励偏好的影响因素、激励偏好的结果变量及相关作用机制等多方面进行探讨研究。

陈林芬等（2007）在研究大学生自尊与激励偏好关系时发现，不同专业会对内激励偏好产生影响，工科学生有较高的内激励偏好；个体自尊会对内激励偏好产生影响，自我效能感对个体内外激励偏好都有一定影响。有学者选取三种不同职业的员工调查发现，教师、技术工人及服务人员在激励偏好上有所差异，个人属性（性别、年龄、受教育程度等）的差异对激励偏好也会有不同的影响。张丽芳（2009）的研究结果表明，中学教师的工作满意度、内外激励偏好与工作投入存在显著正相关；内激励偏好在工作满意度和工作投入之间有边缘调节作用，外激励偏好在工作满意度和工作投入之间起着部分中介作用。全宇光、张丽芳（2010）再次验证了这三者的关系。刘云、石金涛（2009）在研究组织创新氛围、激励偏好与员工创新行为关系时发现，内外激励偏好都能正向预测员工的创新行为，外激励偏好的员工如果能够感知到组织的创新氛围，感受到组织对工作的支持，在工作中更能产生创新行为，而具有内激励偏好的员工可能会因为这些因素的存在而分散注意力，降低其创新动力，所以外激励偏好正向调节组织创新氛围和创新行为，而内激励偏好负向调节组织创新氛围和创新行为。刘云（2010）在加入心理授权变量的情况下仍然验证了这一结果。李敏、杜鹏程（2014）在研究差错认知、激励偏好和创新行为三者关系时，其结果与刘云研究有相似之处，研究发现，激励偏好对创新行为有显著的正向影响，并且外激励偏好对创新行为有负向调节作用，而内激励偏好对创新行为则有正向调节作用。闫威、邓鸿（2011）探讨在拥有内在员工的总激励的情形下，企业对外在激励最优供给策略，研究结果表明，随着员工内在激励的提高，企业所提供的最优外在激励无论是增加、减少还是不变，创新行为都会提高，最终也会增加企业的利润。金辉（2013）在研究知识共享的环境中发现，外在激励对内在激励会起到双重的调节效应，即挤入或挤出效应。

# 第三节　相关研究综述

## 一、创造力研究

纵观半个世纪的创造力研究历史，大致上可以分为三个阶段：第一阶段（20 世纪 50~60 年代），主要从个体视角研究员工的创造力；第二阶段（20 世纪 70~80 年代），主要从组织环境视角来研究创造力；第三阶段（20 世纪 90 年代以后），主要从个人与环境交互视角研究创造力。员工创造力研究的脉络如图 2-1 所示。

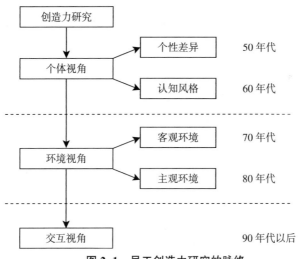

**图 2-1　员工创造力研究的脉络**

本书主要基于 Unsworth（2001）和 Amabile（2012）的研究来分析组织中员工创造力的生成过程。Unsworth 认为关于组织中员工创造力的研究应当着力回答两个问题：①员工为何会从事创造活动？或者说，员工创新行为的动机何在？②什么开启了创造力的进程？Unsworth 从动机入手回答第一个问题，从发现问题这个角度入手回答第二个问题。关于第一个问题，Unsworth 认为驱动员工创新行为的动机有两类，一类是 Deci 和 Ryan（1985）的"自我决定理论"，即人们是自身行为的决定者；另一类是受外力驱使，例如，工程师需要解决技术问题，诗人需要创作诗歌，等等。关于第二个问题，Unsworth 认为创造力过程的首要阶段就是发现问题，所发现的问题不一样，会导致后续的创造力过程有很大的不同。他根据 Wakefield（1991）、Dillon（1982）以及 Getzels 和 Csikszentmihalyi（1967，1976）等的研究，将所发现的问题分为两类：封闭性问题和开放性问题。封闭性问题是指那些能够被清晰地描述，甚至已有解决方案的问题，而开放性问题是指人们对问题的认识很模糊，在开始的时候也不知道如何解决的问题。基于员工创新行为的动机是内在的还是外在的，拟解决的问题是封闭的还是开放的，Unsworth 将创造力过程分为四种类型：响应型创造、期望型创造、贡献型创造以及前摄型创造。响应型创造是指员工因为外在的要求而从事创造活动，同时所解决的问题是封闭性的；期望型创造是指员工因为外部的要求从事创造活动，但所解决的问题的指向是不明确的，是开放性的；贡献型创造是指员工自愿解决封闭性问题；前摄型创造是指员工受内在动机驱使发现开放性问题。在上述四种类型的创造力过程中，前摄型创造是最复杂的，主要是因为，在这种创造力形态下，员工不仅要发现问题、定义问题，还要向上司或者组织兜售自己的创意或者点子，即说服上司或者组织认识其所发现问题的重要性和解决方案的可行性。

Woodman 和 Schoenfeldt（1990）提出了一个关于个体创造行为的交互作用模型。Woodman 等认为，个体与环境交互作用的观点对于解释复杂的社会情境中的人类行为具有很强的说服力，为建构复杂现象中的行为模式提供了坚实的基础。他们所提出的创造性的交互作用模式整合了关于创造性研究的不同观点，如图 2-2 所示。

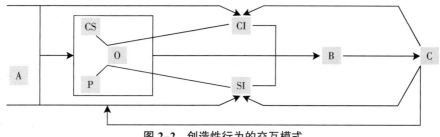

图 2-2　创造性行为的交互模式

图 2-2 中，A 代表当前情境的前提条件，如过去的强化历史、早期的社会化、人口学变量等；B 代表创造性的行为；C 代表结果；O 代表个体，如态度、价值、行为的愿望、动机定向、个体差异等；CS 代表认知风格/能力，如认知的复杂性、发散思维、语言表达的流畅性、解决问题的风格、知觉的开放性等；P 代表人格特质，如控制点、自主、自尊、自信、自觉等；CI 代表情境影响，如物理环境、文化、群体/组织气候、任务与时间限制等；SI 代表社会影响，如社会促进、评价期待、奖励/惩罚、角色扮演。

Amabile（2012）进一步完善了她的创造力组成理论，将创造力组成的四阶段模型扩展为五阶段模型。

第一阶段，工作/任务表述阶段。即员工意识到有一个机会或者需要去解决一个问题或者承担一个新任务。在这一阶段工作/任务动机扮演了关键角色，因为它决定了员工是否以及怎样进入创造力过程。

第二阶段，准备阶段。在这一阶段，员工收集相关信息、学习新的技能，为解决问题做准备，在这一阶段领域相关技能或者专长至关重要。

第三阶段，反应阶段。在这一阶段，解决问题的可选方案产生了，因此工作/任务动机以及创造力相关技能对反应的结果有决定性的影响。

第四阶段，反应评估阶段。即员工利用专长和领域相关技能评估问题解决方案的可行性。

第五阶段，创造力产出阶段。在这一阶段，员工通过与同事、主管和组织的沟通，向上述对象说明其创意的可行性，以期获得外部的认可。

综上所述，Unsworth（2001）根据工作动机和问题类型将创造力区分为四种类型，而 Amabile（2012）则扩展了她的创造力组成理论，在将创造力过程划分为五个阶段后，强调了每个阶段影响创造力的关键因素。综合上述两类研究，本书依循创造力一般过程的框架，分析组织创新氛围、工作特性以及工作动机对员工创造力的影响机制。

总之，创造力的交互视角研究比较全面地考察了影响创造力的各种因素，这为我们在人力资源管理实践中如何提高和发挥人们的创造力提供了理论依据及方法选择，打破了笼罩在创造力上的神秘气氛。这无论是对创造力的研究，还是对人力资源管理中的理论和实践都有重要意义。

**（一）创造力理论基础**

Ford（1996）将个体层面上的创造力定义为个体在一个创造性活动中的心理参与。他认为，当一个人从行为上和认知上都试图产生创造性结果时，创造性的行动就发生了。创造性活动与其他活动的区别在于高风险。高风险表现在两个方面：一是技术层面的高风险，创造力是用一个新颖的方式去解决一个特定的问题，这种新颖的方式能否成功存在很大的不确定性；二是指对创造性活动及其成果的评价存在很大的不确定性，创造性活动在很大程度上是一种智力的投入，外部很难观察投入的程度和质量。此外，创造性活动和成果的"新颖性"使得人们很难用先验的或者既定的方法去评估其价值，因此，对创造性成果的评估也存在很大的不确定性。上述特征使得员工在创造力活动方面有高度的敏感性，它会随着人和情境的不同而发生变化。当面对一个有待解决的问题时，一个研发人员可能会选择最小的参与度，依循习惯提出解决方法，也可能会选择全身心投入和参与，运用自身知识和能力产生创造性的结果。上述分析引出一个有关组织中员工创造力的关键问题，即组织内员工对于创造力的认知和态度是如何形成的。西方学术界关于上述问题的认知形成了两个理论流派：结构功能主义和意义建构理论。

1. 结构功能主义视角下的创造力

Parsons（1935，1951）提出了关于结构功能主义的经典定义。他认为，分工和专业是制度化的角色结构，为更大的社会系统提供了一种适应能力；而专业人员（例如企业中的研发人员）则是社会化的角色，责任人更多受到成就和集体导向而非可能的报酬或其他私利的激励。他坚持认为，专业结构的规范持续确保着专业人员在创造力和创新领域的贡献。

结构功能主义的两个基本假设刻画了在该理论指引下从事创造力研究的方式方法。第一个假设是专业团体中人们的价值体系基本上是同质的。所有的专业人员都期望受到培训和社会化，以便为他们所在的组织提供更好的产品。第二个假设是专业人员是利他性的社会化角色，主要在知识进步和服务客户方面做出贡献。

结构功能主义主导了当今大部分创造力方面的文献。从 20 世纪 80 年代早期到 90 年代，创造力的研究者超越了个体层面的研究（Ford，1996；Woodman、Sawyer 和 Griffin，1993），引入了小组和团队层面变量的影响来拓展他们的模型。一些研究发现，提供机会且不存在约束的环境使个人层面的创造力成为可能（Oldham 和 Cumming，1996）。研究发现，重视和奖励创造力的环境以及所需资源容易获取的环境能够培育创造力（Glynn，1996）。这些关于环境的研究发现引发了大量的结构功能主义的研究，例如，King 和 Anderson（1990）的研究发现，领导风格、团队凝聚力、团队年限和合作程度等团队层面的构念是创造力的前因。随着研究的推进，组织层面的变量被纳入创造力模型之中，如组织政策、组织结构、创新氛围等因素。Woodman 等（1993）提出了包括组织层面影响因素的创造力综合理论模型，将文化、资源、技术、战略和奖励与创造力联系起来。

2. 意义建构视角下的创造力

Drazin、Glynn 和 Kajanjian（1999）以及 Weick（1995）认为，解释或者意义建构的观点是一种理解组织进展的实用方法。从阐释的观点看，理论建立的目标之一是描述组织的生活。它关注理解个体和组织发展意义系统的过程，以及这些意义系统如何随着时间的推移导致一系列组织行为的出现，因此，阐释的观点非常适合描述创造力的过程。在一个阐释性的框架中，核心的研究问题是：创造力的过程如何在组织中展开？

虽然学术界关于创造力的界定有两类观点，一类认为创造力是一个过程，另一类认为创造力是一个结果。但本质上，作为过程的创造力是作为结果的创造力的一个必要而不充分的条件。在个体层面，当研发人员面对一组不确定事件时，他们会努力搞清他们所处的情境。例如，个体会向自己提出一个问题，类似于"正在进行的是什么？"问题的答案决定着这个个体如何参与到这个情境中。有关情境的意义或感觉的形成使个体以理性的方式行动，在这个意义上，意义的建构是个体行动的主要推动力。被运用于情境中的意义曾被称为框架、制度、图式以及认知地图等。所有这些定义的核心基于以下三点：①个体对情境、行动和结果形成一个因果地图；②个体把他自己放在这个因果地图中；③当事件展开时，个体根据他的地图展开行动。行动和事件，不管是被动发生在个体身上，还是自己引起的，都是真实的。参与到创造力过程中的专业人员提出原型、测试设计、调查客户，最终，他们形成了关于事件的认知框架，这些事件代表着跟现实联系的个人和社会的意义建构。例如，一个较大项目的关键部分的测试可能被研发人员认为是一项值得创造性参与的工作；然而，同样一个测试也可以被看成对创造力有负面影响。如果这个测试是管理上强加的"作秀"，那么框架也基于此完成了对意义、动机以及随后的参与和行动的组织。

个体对其参考框架的发展不是在与世隔绝中进行的。个体的意义建构的生成包括与其他直接或者间接进行同样努力的人们的共同探索（Perry-Smith，2006）。第三方意义建构是在一个不确定或者高压力的情境中生成意义的模式。当一个人面临不确定的情境时（创造力的生成就是一个高度不确定的情境），他可以通过搜寻其他人的阐释，特别是那些从事相似职业的人的阐释，来降低不确定性。图式、脚本和分类可能会通过与他人的交谈来传播（Poole 等，1989）。通过向他人征求意见，并作为回报给予他人反馈，意义建构就在一个组织领域中得以形成和共享。这些互动在个体层面形成创造力可靠的事件框架，关于"什么是有意义的"一个普遍认识就出现了。当意义建构从自我指示的"我"转化为包含更大的"我们"时，一种共享的或者主体间的意义就产生了（Hargadon 和 Bechky，2006）。

结构功能主义视角下的研究和意义建构视角下的研究泾渭分明。结构功能主义视角下的研究认为，人的行为符合分工和社会角色的要求，是社会规范的产物，这一视角下的研究忽视了人的"能动性"。而意义建构视角下的研究认为，人的行为在于人对这一行为意义的阐释，这个阐释的框架决定了人是否以及如何参与到一个具体的行为中，但个体对于自身行为的意义建构不是一个空中楼阁，它受外部环境的影响，外部的社会规范通过"内化"机制，削弱或者强化了个体对自身行为的阐释框架，进而对个体的行为产生重要的影响，因此，意义建构视角下的研究强调了个体"能动"的作用，但忽视了个体"能动"的前因和边界。

本书认为，员工创造力的最主要来源是员工的工作动机，作为一种心理层面的测量，一个员工的工作动机在短时间内是比较稳定的，但这种稳定的动机是否一定转换为现实的行为，则取决于员工对创新行为的外在环境——组织创新氛围以及工作对象——工作特性的感知，这种感知削弱或者增强了员工的工作动机，进而影响了员工的创新行为和创造力的产出水平。

对于一个组织来说，最关键的问题是：如何激发员工的创造力？对于不同的人、不同的工作是否应该设置不同的激励措施？现有文献从员工的工作动机、工作/任务的特性以及组织创新氛围等多个方面予以研究。在仔细辨析上述三类构念的定义和测量题项时，本书发现，其中较为稳定且先于组织而存在的构念就是工作动机，在创造力研究场域，工作动机被界定为员工从事创新行为的意愿，这种意愿是否能够转变为现实的行动，还受其他因素的影响。在前述的分析中，本书曾提到员工从事创新行为是一个高风险的行为，面临诸多的不确定性，这使得相对于一般行为而言，工作动机有可能促使员工从事创新性行为更加依赖于其他因素，例如组织创新氛围和工作特性。

受意义建构主义的启发，在工作动机与现实行动之间，员工试图建立一个其从事创新行为的阐释框架，这一阐释框架将决定员工是否从事或者如何从事创新行为。那么，在一个组织中，员工的这一阐释框架是如何形成的？它的形成受到哪些因素的影响？首先，Unsworth（2001）认为，员工面对的任务（这一任务可能是员工自己发现的，也可能是组织委派的）是员工创新行为的"扳机"，也就是说，员工正是通过所从事的工作，逐步回答"我正在进行的是什么""它有没有意义"等问题，进而在其认知图谱中建立起关于创造的阐释框架。其次，除了工作之外，员工关于创造、创新的阐释框架还受到组织创新氛围的影响，通过与同事、领导的交流以及对组织分工、业务流程以及资源支持的体验和感受，员工在工作意义的基础上也会逐步形成关于"我从事这项工作在这个组织中是否有意义"的认识和答案，进而指导其是否以及如何从事创新行为。

**（二）个体层面员工创造力研究综述**

创造力被认为是决定企业能否在多变的市场环境中胜出的"关键先生"，它是创新的前奏、经济增长和社会发展的"引擎"。Barsh 等（2008）调查发现，在他们所抽取的组织管理人员样本中，大部分的管理人员都认为创新能力是决定企业成败的关键因素，但几乎同样比例的管理人员在如何提升员工创造力以及创新能力方面信心不足。员工的创造力决定组织的创新能力，组织的创新能力决定组织的存续能力。自泰勒提出科学管理的原则和工具以来，在学术研究和管理实践的双轮驱动下，学术界和业界已经发展出大量的管理方法来提升组织的工作效率；但与此相比，如何提升员工的创造力，进而提升组织的创新能力，无论是在学术研究还是在管理实践中，都是一个有待探索的重大问题。自 20 世纪 80 年代以来，关于创造力的研究成为心理学和管理学关注的热点问题，并涌现出大量高质量的研究成果。纵览现有的研究成果，从研究情境划分可分为两类：社会中的创造力研究以及工作场所的创造力研究；从研究层次划分可分为四类：个体层面的创造力研究、双方关系层面的创造力研究、团队层面的创造力研究以及组织层面的创造力研究。鉴于最初界定的研究边界，本书主要关注工作场所中的、个体层面关于员工创造力的研究。

鉴于研究旨趣，本书在选择文献时遵循以下标准：

（1）文献的来源必须是同行评审期刊，国内的文献来源期刊是 CSSCI 期刊。

（2）入选文献必须以工作场所中的创造力为研究的因变量。

（3）入选的文献主要是采用实证研究方法的文献，包括少部分阐述创造力理论模型的文章、创造力研究综述的文章以及创造力元分析的文章。

（4）文献的发表时限是 1980 年至今。

根据上述文献筛选的条件，本书主要借助 EBSCO 和 CNKI 两个文献数据库对国内外文献进行了检索，得到了数量庞大、研究视角多样的文献。根据研究指向，本书依据以下线索对检索到的文献进行归类和分析：个体因素视角下（Actor-centered）的创造力研究、情境因素视角下（Context-centered）的创造力研究以及交互视角下的创造力研究。

1. 个体特征与员工创造力

从个体特征出发研究其对工作场所中创造力的影响的文献极其丰富。Woodman 等（1993）认为，个体的认知类型和能力、相关的工作特长、工作动机以及对自我创造的坚定信念等个体因素对个体的创造力有重要的影响。此外，Amabile（1988）发现，与创造力相关的技能，例如收集和利用各种工作信息、准确地记忆、有效地运用启发式思考、长时间高度集中地进行工作的能力和倾向，有利于提高创造力。Perkins（1986）、Gardner（1993）、Weisberg（1999）相继发现，个体的知识和经验与创造力有关。其中，Perkins 和 Gardner 的研究发现，教育提供了掌握各种经历、观点和知识基础的机会，也发展了人们的认知，使得他们更有可能利用各种各样的观点和更为复杂的模型；Weisberg 研究发现个体在特定领域的经历对其在该领域的创造力有积极影响。Amabile（1996a）、Shalley 和 Oldham（1997）发现，创造性活动需要一些内在的、持续的动力使人们在创造性工作的挑战中坚持下来，也就是说，一个人必须要有努力工作并坚持不懈进行创造的内在兴趣。已有研究发现，当人们主要受到来自兴趣、享受、满意和工作本身挑战的驱动时，他们最具有创造性（Amabile，1988）。Glynn 和 Webster（1993）通过对高智商的成人样本的调查，发现内在动机、认知爱好和创造倾向之间有显著的关系。Amabile（1996a）、Shally（1995）的研究同样发现，内在动机与员工的创造力正相关。

21 世纪以来，个体特征视角下的创造力研究成果累积得很快，例如，Gong 等（2012）对前摄特质、Tierney 和 Farmer（2011）对创新自我效能感、Jassen 和 Huang（2008）对个体与同事间的认知和情感差异、Amabile（2005）对积极情感、Rego 等（2012a，2012b）对乐观、Zhang 和 Bartol（2010）对个体在创新过程中的卷入程度与个体创造力的关系进行了研究，均发现了两者之间的正相关关系。

与上述主要从单一个体因素出发研究其对个体创造力的影响不同，下述研究主要从多个个体特质交互作用的角度出发研究其对个体创造力的影响。例如，Tierney 和 Farmer（2002）研究发现，个体创新自我效能感对个体创造力的影响受到工作自我效能感的调节，当工作自我效能感较高时，个体创新自我效能感与个体创造力正相关；当工作自我效能感较低时，个体创新自我效能感与个体创造力负相关。Tadmor 等（2012）就文化与个体创造力之间的关系进行了研究，他们发现对具有多重文化背景的员工而言，对主流文化（Host Culture）和自己的本土文化（Home Culture）的认同均较高的员工，其创造力比只认同一种文化的员工要高。Bledowo 等（2013）研究了积极情感和消极情感相互作用之后对个体创造力的影响。Grant 和 Berry（2011）研究发现，员工的内在工作动机对员工创造力的影响受到员工亲社会动机的调节，当员工的亲社会动机较高时，内在工作动机对创造力的影响是正向的；当员工的亲社会动机较低时，内在工作动机对创造力的影响不显著。

2. 工作情境与员工创造力

对工作场所中的创造力研究，另一个比较重要的分支是关注情境因素对创造力的影响。自 Amabile（1988）、Woodman 等（1993）的开创性工作以来，相当多的研究开始关注工作特性、工作的物理环境与社会环境等情境因素对于员工创造力的影响机制。Amabile（1988）的创造力与创新的组成理论提供了一个详细、具体的关于影响员工创造力的组织创新氛围理论模型。Amabile 等（1996b）发现，组织是否鼓励创新、工作的自主性、资源状况、工作挑战性和压力以及阻碍创新的组织因素这五个维度组成的组织创新氛围可以高度预测员工的创造力。

在 Amabile 组织创新氛围理论模型中，挑战被认为是一个中等程度的工作压力，它来自迫在眉睫的、在智力上具有挑战性的问题。Amabile 细致地区分了挑战和过度的工作压力，后者被认为与创造力负相关。Amabile 还提出，如果时间被视为一个重要、紧急项目的伴随物，时间压力也会增加员工对工作挑战的感知。Ohly 等（2006）研究发现，员工对工作的掌控以及工作的惯例化程度与员工自我报告的创造力正相关。在这篇文献中，他们还发现了工作的时间压力和创造力之间的 U 形关系，当员工处于适中的工作时间压力下时，其创造力最高。Madjar 和 Shalley（2008）研究检验了多重目标和任务的多样性对员工创造力的影响，他们发现当员工对多个任务都设定目标且在工作任务之间拥有切换的自由裁量权时，员工的创造力水平最高。

组织的鼓励针对的是组织内的以下几个方面：

第一，对冒险和提出新想法的鼓励。表明从组织的最高层到基层管理人员对创新的重视程度。

第二，组织内对新想法有公平和支持性的评估。有实验研究证实，对创新的威胁性和过于苛刻的评估会破坏员工创造力。与此同时，有研究发现，组织内支持性的评估可以促进员工工作的内在动机，进而对创造产生积极的影响。

第三，对创造力的认可和奖励。Amabile 等发现，如果员工将奖励看作是对自己能力的肯定，会激发创造力；反之，如果员工仅仅为得到奖励而参与一项活动，则对员工的创造力是有害的。关于奖励是有利于还是不利于员工创造力，学术界存在争议。Eisenberger 和 Rlloades（2001）研究发现，组织对员工当期创造力的奖励有利于其后续的创造力，但这个正向效应受到员工对工作的内在兴趣和感知到的对任务的掌控的中介作用。Eisenberger 和 Aselage（2008）研究检验了组织奖励与员工创造力之间的关系，他们发现，组织奖励通过一系列的中介机制最终对员工创造力产生正向的影响，其中，工作的内在动机是第一中介，而绩效压力和工作掌控感是第二中介。

第四，团队的支持。现有研究从团队成员的多样性、团队成员对创新是否持有开放的态度、建设性地挑战创新以及团队成员对项目的认同程度四个方面研究了团队支持对员工创造力的影响。团队支持的前两个因素通过使团队成员接触不同的想法进而有利于创造力，后两个因素则通过激发员工的内在工作动机进而有利于创造力。Madjar、Oldham 和 Pratt（2002）研究发现，来自同事和上级的支持有利于员工的创造力。Zhou（2003）在对一所大学和一家营利性医院进行的现场研究中发现，如果同事的创造力较强，上级的监管会减少，员工的创造力会更高。上级支持是组织鼓励的另一个重要的方面。Tierney（2008）总结了领导力对员工创造力影响的研究（见图 2-3）。Gong 等（2009）、Shin 和 Zhou（2003）发现，变革型领导有利于员工创造力。Khazanchi 和 Masterson（2011）的研究表明，上司的信息公平和人际公平会提升员工对上司的信任感，进而提升上司与下属关系的质量，从而有利于两者之间的信息共享，最终导致员工创造力的提升。

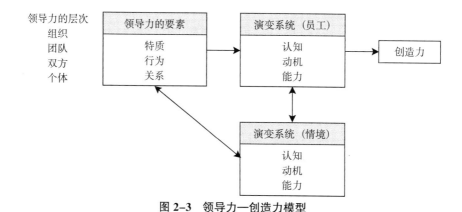

图 2-3　领导力—创造力模型

Amabile 的模型中指出了阻碍员工创新的组织因素，例如内部斗争、保护主义以及僵硬的组织结构等，这些不利于员工创造力的形成。

在情境因素与员工创造力这一研究的细分领域，出现了越来越多的关于多重情境因素交互作用于员工创造力的研究。Wang 和 Cheng（2010）研究发现，仁慈型领导有利于员工创造力，但这种正向效应受到工作自治的调节，当工作自治程度较高时，上述正向效应增强，反之，上述效应减弱。类似地，Zhou（2003）研究发现，高创造力同事对员工创造力具有积极影响，但当上司对创造活动的监管较严时，上述效应减弱；当存在上司对员工的积极反馈时，上述效应增强。

## 二、组织氛围

下面本书将对组织氛围的内涵及其对创新行为的影响进行归纳总结。

### （一）组织氛围的内涵

K.Lewin（1930）首次提出组织氛围（Organizational Climate），之后很多学者也追随研究组织氛围，一时间组织氛围成为研究方向，人力资源领域的学者们争相研究组织氛围。在当时，K.Lewin 仅仅提出组织氛围这一观点，但他并没有给出确切的定义。直到 1935 年，K.Lewin 将组织氛围的概念定义为：在组织中，不同员工的认知图式的相似度或者员工们共享的知觉。但由于组织氛围是一个新的观点，这项研究成果在当时并没有引起学者们的兴趣。后来部分研究表明，组织氛围对组织绩效有正向作用，随后学者们关注组织氛围并深入研究组织氛围带来的影响。在 K. Lewin 之后，又衍生出很多关于组织氛围的定义，总结如下：

Tagiur（1968）认为，组织氛围是组织所特有的一种属性，这种属性是可测量的、相对持久的工作环境的集合。Litwin 和 String（1968）认为，"氛围"在环境（Environment）和人员（People）间起到功能连接的作用，组织氛围是指员工在其工作环境中对于工作整体的认知感受。

Compbell 等（1970）认为，气氛是一种属性，这种属性受员工、环境和组织共同影响。员工对于气氛的认知，在很大程度上影响员工的工作行为；在工作环境中，气氛是一种润滑剂，能够经常改善工作环境中的某种属性，能够提升员工对工作中发生事情的反馈速度。

许士军（1972）认为，组织氛围能够影响内部员工的工作表现和动机，是组织内部的一个重要心理环境。许士军（1988）将组织氛围理解为：组织员工对于自身工作环境的感知，这种感知可以通过组织的某些属性来表述，与员工长期工作经验密不可分。

Hellriegel 和 Slocum（1974）通过深入分析国内外学者对于组织氛围的定义，指出组织氛围应该具有如下特征：①组织氛围是对组织的一种描述性的认知，而不是评价性的认知；②对于组织氛围的衡量是整体层面的，组织氛围的维度和量表是衡量其的工具；③组织氛围能够影响组织内部员工们的行为，这种影响是相互的。

Schneider（1975）指出，组织氛围是一个组织区别于其他组织的重要无形标志，是组织长期稳定发展必备的特质。

蔡培村（1985）指出，组织氛围是组织内部员工对自身工作环境的总体认知，组织氛围从客观层面反映员工工作环境，也真实反映员工对自身工作环境的主观判断。组织氛围在很大程度上反映员工对人际关系、工作环境和组织构成的认知，通过调查员工对这三方面的认知来测量组织氛围。

Kopelman 等（1990）指出，组织氛围是员工对领导管理风格、组织整体架构、组织绩效、企业文化、组织成员关系以及所有人员价值观等的感受和认知。

Amabile、Conti 和 Coon（1996）认为，组织氛围是组织内部员工对自己工作环境的一种知觉描述。

李金平（2006）指出，组织氛围具有以下特征：它能够反映每个组织独特的风格和内部工作环境的稳定性；它具有多个维度，通过调查员工对组织的知觉来衡量；它是员工工作环境的集合；它首先影响员工对单位的知觉，进而影响员工的工作状态、工作动机和工作结果。

　　每个学者从自身兴趣的角度和研究方向对组织氛围进行明确定义。本书在陈维政、李金平（2005）综合 Litwin 和 Stringer（1968）以及许士军（1988）的定义的基础上，从组织氛围形成的原因、构成和作用，对组织氛围给出一个较全面、多角度的定义：组织氛围是组织长期形成的一种内部特性，是一个组织有别于其他组织的独特风格，它具有多个维度，是可以测量的工作环境集合。组织员工能够真实地感受到组织氛围的存在，通过了解员工的知觉来测量组织氛围。员工感知的组织氛围在很大程度上能够提高员工的工作状态，可以说，组织氛围在组织和员工之间起到沟通桥梁的作用。同时，本书将参考陈维政等（2006）通过研究国内外学者对组织氛围的不同定义提出的衡量组织氛围的三个维度：人际关系、管理风格和组织科层性。

## （二）组织氛围的维度

　　纵观国内外学者的研究历程发现，组织氛围的构成因素不同，原因在于学者们的兴趣和研究方向不同。但众多的研究成果存在一个共同的假设，即组织氛围可以通过一定的特征和不同的维度进行测量，并提出一些有说服力的组织氛围模型，用以对组织氛围进行测评和衡量，形成了多套完整的、有代表性的量表，从而可以定量衡量组织氛围。对于组织氛围的维度，不同学者观点汇总如表 2-1 所示。

表 2-1　组织氛围的维度汇总

| 学者 | 维度 | 构成要素 |
| --- | --- | --- |
| Litwin 和 String（1968） | 九维度 | 工作结构；认同；行为标准；温暖；工作报酬；冲突；工作职责；奉献；支持与信任 |
| Campbell（1970） | 四维度 | 体谅、关怀和支持；赋予职位的结构程度；奖励指向；个体的自主性 |
| Wallach（1983） | 三维度 | 组织结构的科层性；组织对员工的支持；创新性 |
| Stringe（2002） | 六维度 | 责任；结构；认知；支持；标准；承诺 |
| 凌建勋（2003） | 四维度 | 创新支持；互动频率；远景目标；任务导向 |
| 李金平（2005） | 三维度 | 人际关系；组织科层性；管理风格 |

本书借鉴 Litwin 和 String（1968）、许士军（1988）、李金平等（2006）的研究成果，选取组织科层性、人际关系和管理风格三个维度衡量组织氛围。

### （三）组织氛围的研究现状

Alessandro Ancarani（2009）对组织氛围与患者的满意度的关系进行了研究，结果显示，严格的管理控制会使患者的满意度降低。张靖（2014）的研究结果表明，管理护理工作的领导应该积极营造良好的工作环境，目的在于提高护士对工作单位的满意程度，进而提升他们工作时的服务品质。

Joshi 等（2011）验证了影响员工敬业度的关键因素是员工对组织氛围的认知。黄盼盼（2010）探索组织氛围和员工敬业度的内在作用机制，通过研究，了解了组织氛围影响员工敬业度的原理，进而设计适应组织的组织氛围，达到提升员工敬业度的目的。王元元等（2012）探索员工行为有效性与组织氛围的内在关系，研究表明，组织氛围能够显著正向影响员工行为有效性。同时指出，组织氛围改善员工绩效的机制是多样性的，既可以直接影响员工绩效，也可以间接通过影响员工对组织的满意度、员工对组织的承诺等进而影响员工绩效。彭文燕（2014）探索组织氛围影响员工敬业度的机制，并直接证明了工作价值的中介作用。同时指出，组织氛围能够显著正向影响员工敬业度，这部分正向作用包括两方面：一方面是组织氛围直接影响员工敬业度；另一方面是组织氛围首先影响工作价值，进而影响员工敬业度，这方面的影响是间接的。组织氛围中人际关系维度、管理风格维度能够正向影响员工敬业度，工作价值在二者的关系中起到部分中介的作用。

许士军（1977）指出，组织氛围是一个组织区别于其他组织具备相对稳定的、独特的特性，它是一个多重维度的定义，是一切能够衡量的工作环境的整体；组织员工可以通过多种渠道感受工作环境、组织氛围的好坏，组织氛围可以通过员工的感知进行测量；员工感受的组织氛围在很大程度上能够提高员工的工作状态和结果，可以说组织氛围在组织和员工之间起到沟通桥梁的作用。组织氛围也能显著提升员工的心理资本，得到组织认同的员工，会非常自信地工作，心理资本随之提升，相应的工作绩效也会提升。

### (四) 组织氛围的员工感知角度

顾远东、周文莉、彭纪生 (2014) 基于认知理论和心理学的基础，实证组织氛围、成功经历感知与知识员工创新效能感的关系，在他们的研究中，组织氛围分为四个维度：团队合作、学习成长、主管支持和组织支持。成功和失败的经历对知识员工创新效能感有显著影响；主管支持和组织支持在知识员工成败经历的各关系中起部分中介作用，培训发展则通过成功经历的感知起到完全中介作用。王端旭、洪雁 (2011) 认为，员工创造力已经成为新经济条件下企业赢得竞争优势的决定性因素。虽然研究发现组织氛围对员工创造力具有影响作用，但这种影响的中介机制并没有得到充分的解释。激发员工创造力的关键是洞察员工参与创造性活动的心理状态，内部动机和心理投入分别描述了员工被工作本身所吸引以及完全专注于工作的内在状态，因此，两者构成组织氛围影响员工创造力的潜在中介机制。通过对不同类型员工调查分析发现，支持性组织氛围与员工创造力存在显著正相关关系，内部动机和心理投入在两者之间发挥中介作用。为了提升员工创造力，企业应营造支持性组织氛围，并密切关注员工的内部动机和心理投入状况。

### (五) 组织氛围的企业管理角度

宋典、袁勇志、张伟炜 (2011) 在研究战略人力资源管理对员工创新行为时提出，组织氛围在员工创新行为与组织战略人力资源管理中起到部分中介作用，组织氛围对员工创新行为作用显著。在组织氛围较融洽的状态下，组织成员之间的互动频繁，有利于组织内部知识的共享与整合，能够促进组织的创新能力和创新业绩。马占杰 (2012) 在对组织氛围对职业生涯管理影响的实证研究中得出：组织氛围包括三种维度，分别是竞争性氛围、支持性氛围和人际沟通氛围，这三种氛围可以较好地预知员工职业生涯。叶许红、张彩江、廖振鹏 (2006) 在创新实施情境中分析组织氛围含义，从氛围作用和氛围强度两个维度提出组织氛围的四种类型：积极—强氛围、消极—强氛围、积极—弱氛围和消极—弱氛围。同时，结合案例分析，探讨了不同类型的组织氛围对企业创新实施的不同影响作用，指出建立和培育积极、强大的组织氛围是企业创新实施成功的关键所在。

张超（2012）认为，年龄、受教育程度、三年内是否晋升显著影响公务员的组织支持感受。组织氛围与主管支持感之间相互促进。组织氛围显著影响公务员的成员感、忠诚度、相似度，组织氛围中的工作意义、团队合作两个维度显著影响公务员组织认同。主管支持感显著影响公务员的忠诚度。组织氛围比主管支持感更能唤起公务员的组织认同。组织认同显著影响公务员新思路、新理念、工作方法创新的创新意愿。组织氛围中的工作意义、团队合作、环境自由对创新意愿影响显著。组织氛围比主管支持感更能激发公务员的创新意愿。组织认同在组织氛围、主管支持感与创新意愿之间起部分中介作用。

### （六）组织氛围的组织文化角度

段锦云、王娟娟、朱月龙（2014）对组织文化进行了研究，他们得出的结论是：组织氛围与组织文化是有区别的。第一，组织文化的概念来源于人类学，而组织氛围的概念来源于社会学，因为起源不同，所以两个概念的研究方法和研究后续发展也是不同的（Schneider，1990；Hofstede，1998；Joan，1990）；第二，组织文化是员工在组织中共同拥有的行为方式，所有的组织成员拥有共同的价值观，而组织氛围则是员工对组织环境的认知和感觉（Verbeke、Volgering 和 Hessels，1998）；第三，在研究方法上不同，组织文化更多采用定性的研究方法，而组织氛围更多采用定量的研究方法（Denison，1996；Glisson，2000；Pettigrew，1990；Reichers 和 Schneider，1990）；第四，组织文化是客观的组织属性（James、James 和 Ashe，1990），而对于组织氛围不同的学者所持的意见略有不同，有学者认为是主观的个体属性（James，1982；Glisson、James 和 Lawrence，2002），也有学者认为是客观的组织属性（Forehand 和 Gilmer，1964；Schneider 和 Bartlett，1968）；第五，组织氛围对于员工动机与行为的影响要高于组织文化的影响（Hofstede，1998；Glisson 和 James，2002）。

然而，组织氛围与组织文化却又有着千丝万缕、不可分割的联系。

Rousseau（1990）认为，组织文化中，成员们可以意识到共同的期望和行为准则，但不能意识到价值观和深层次的隐形内涵。其中，员工们能感知到组织文化中组织所期望的行为规范和组织日常运作，这些元素是组织氛围的基本成因。组织文化是组织氛围形成的必要条件（Hofstede，1998）。除此之外，由于组织期望与组织中的共同行为准则更容易被组织成员所接受，因此会对组织氛围的后续发展产生极大的作用（Hofstede、Neuijen、Ohayv 和 Sanders，1990；Hofstede，1998）。也有一些研究表明，组织氛围在组织文化与组织结果中起到中介作用（Glisson 和 James，2002）。沈国琪、陈万明、张敏（2009）探索性地研究了组织氛围中的创新、公平、支持、人际关系和员工身份认同 5 个子氛围对团队有效性的影响作用机制。研究结果表明，不同的团队组织氛围对团队的绩效、团队工作成员的满意度以及团队承诺具有不同的影响，同时，团队群体效能感在组织氛围与团队的有效性之间起到一定的中介作用。

**（七）组织氛围的领导风格角度**

Zhou 和 George（2001）研究发现，领导反馈对员工个体的创新行为有着重要影响，如果领导以积极的信息或建设性意见给员工反馈信息，则员工感受到激励，从而能够提升员工自主创造性。在管理实践中，如何更好地为员工提供组织鼓励和主管支持组织氛围，显得尤为重要。在组织层面，企业可通过企业文化与企业价值观建设，接受员工创新构想，不要因组织流程或人为的原因而使创新构想流产，组织能够更好地引导和鼓励员工创新性思考，能够接受小范围犯错；保证研发人员的互动频繁、沟通频繁，增强双向沟通渠道，保证信息交流畅通；提供最新技术信息、最先进的设备等。管理层应该能够尊重员工不同意见，积极地接受员工的工作改进意见，适当授权，给予员工自由的工作空间，及时给予知识员工积极正面的反馈，特别是当知识员工获得了成功和进步的时候，并鼓励他们从失败中总结经验教训。

罗瑾琏、张波、钟竞（2013）认为，组织氛围的组织支持、主管支持和团队支持可以激发员工创新行为。组织支持包括组织对创新价值的认可，给予员工创新行为支持和政策鼓励。这些政策通过支持创新想法和建设创新氛围而帮助员工积极开展创新性工作。上司支持是员工感知到领导者支持员工的创新行为，进而影响团队成员的整体创新行为。领导的支持可以在工作中解决实际困难、增加下属专业知识、增强下属的工作动机从而促使下属产生创新行为。团队成员支持也很重要，同事之间如果没有良好的合作，对员工产生的新点子和创新行为排挤打击，就不会产生良好的组织氛围。并且团队成员的支持也可以为其他成员的创新活动提供建议、意见和反馈，给予团队成员很好的帮助和心理支持以及更多的精神鼓励。团队成员之间形成相互信任关系，员工会感觉到被激励，从而更倾向于产生创新行为。许丹丹、陈雪琼（2013）研究了组织氛围对员工创新行为的影响，以厦门市酒店为例，分析了组织氛围对员工创新行为的影响。研究结果显示，组织氛围对员工创新行为有显著正向影响，责任行为在组织氛围与员工创新行为之间起到中介作用。孙锐（2014）研究了人力资源战略与研发人员的创新行为的关系，结论是：关注高水平绩效、上级适当授权、提高培训和职业升迁的空间、能够参与决策机会以及有竞争力薪酬福利待遇，在这样的组织氛围里面，员工更易于产生创新行为。

有研究结果表明，领导的示范和对员工的充分授权都会支持员工创新动机。可见要激发员工的创新动机，树立成功案例并广泛宣传是非常必要的。历明（2013）认为，组织氛围对员工创新行为具有显著的正向影响，因此管理者在管理中要注重营造良好的组织氛围。故而管理者为了更好地发挥组织氛围以及工作自主性对员工创新行为的正向影响，应该积极营造和谐型组织。

## 三、组织创新氛围

### （一）组织创新氛围概念

20世纪40年代初，有关组织氛围的研究迅速发展，截至目前，学术界认为组织氛围包含两种：一是心理氛围（个人视角），即个体对组织环境的认知（Halpin，1963）；二是组织情境（组织层面），即组织内部相对稳定的特性总和（陈维政，2005），它对个体、团队以及组织创新有重要的影响作用。Litwin 和 Stringer（1968）认为，组织要想产生创新，应先营造一种能够影响员工动机与行为的组织氛围，再提供创新的产品或服务，从而提升组织竞争力（陈玉，2014）。再后来，研究的焦点开始转向创新氛围。所谓创新氛围，是指员工对所处的工作环境进行的知觉描述，这种环境更多地倾向于组织提供的创新支持环境。学者们从个体、团队、组织的角度将创新氛围划分为心理创新氛围、团队创新氛围和组织创新氛围（张海涛等，2014）。有关组织创新氛围的概念汇总如表 2-2 所示。

表 2-2　组织创新氛围概念

| 角度 | 研究者 | 概念界定 |
|---|---|---|
| 创新客体 | Amabile | 组织客观环境影响下的产物 |
| | Kanter | 能够影响员工进行创新活动和创新性表现的环境因素 |
| | West | 员工对影响创新能力的产生、发展、发挥的环境认知 |
| | Tesluk | 组织创新主体对其所处的组织环境的感知 |
| 创新主体 | Coon（1996） | 组织成员对具有创新支持的工作环境的知觉描述 |
| | Bharadwaj | 组织成员与组织环境相互作用的结果 |
| | Ekvall | 能够刻画组织生活的反复出现的行为模式 |
| | Amabile | 组织成员描述组织是否提供创新环境的主观认知 |
| 创新主客 | 王雁飞 | 在组织内被员工一致认知的体验，对创新行为具有持久性影响 |
| 交互过程 | 孙锐 | 个体对组织政策、领导风格以及其他环境因素的主观认知，这种认知可以促使员工产生创新行为，提升创新绩效 |
| | 梅强等 | 员工对工作环境中是否具有创新性的主观感知 |

由表 2-2 可知：

（1）组织创新氛围是独立于员工感知和理解之外的客观因素。

（2）组织创新氛围是员工对组织提供的创新支持所形成的共享认知。

尽管学者们的研究取向有所差异，至今对组织创新氛围的概念未形成统一的界定，但还是达成了一些共识：组织创新氛围是员工与组织环境相互作用的产物。已有研究中，最具影响力的 Amabile、Coon 等认为，组织创新氛围是组织成员对具有创新支持的工作环境的知觉描述。因此，本书认为，组织创新氛围是组织成员对影响个体进行创新行为的工作环境的知觉描述。

**（二）组织创新氛围的相关研究**

1. 前因变量

（1）组织因素。Sundgren 等（2005）指出，企业成立的学习型组织有助于员工学习到更多的专业知识，而这种学习型组织所形成的文化氛围对组织创新氛围的形成意义非凡。刘群慧等（2009）认为，员工的创新自主性与灵活性明显受组织结构的影响，越是扁平化的无边界的组织结构，员工创新的自主性和灵活性越强。Burke 等（2009）认为，组织战略与组织文化、组织结构存在直接联系，间接证明了组织战略与组织创新氛围的关系。Isaksen 等（2001）认为，管理者的行为通过组织成员影响组织创新氛围和组织变革。刘云等（2009）研究发现，组织资源供应会影响到组织创新氛围的形成。

（2）个体因素。Isaksen（2001）研究发现，个人技能越突出，承担的工作任务越重，越能激发员工的创新潜能；员工的工作态度和行为的表现容易受到需求波动的影响，也就是说，员工的创新行为会受个人动机的影响；当员工受到内部或者外部动机的驱动时，会主动利用相关知识促进创新行为的产生。刘效广（2010）从个体层面出发，探究创新氛围对员工的创造力的影响，发现二者间的相互作用显著。

（3）团队因素。Scott 和 Bruce（1994）从团队—成员关系的角度解释了对组织创新氛围的影响，结果表明，团队—成员关系质量越高，员工的个体创新支持感越明显，越有助于创新意识的发挥。陈国权等（2008）从团队层面出发进行研究，发现心理安全氛围在团队学习能力和团队绩效间发挥着重要的作用。隋杨等（2012）认为，团队领导行为能够通过自身行为引领创新，从而影响团队成员创新投入的多寡。

（4）工作因素。Amabile 等（1996）研究发现，过度的工作压力将阻碍员工创新潜能的发挥；适度的工作责任感、自主性与挑战性会引发员工对工作的兴趣，从而对组织的创新氛围产生积极影响。

2. 结果变量

Scott 和 Bruce（1994）研究发现，组织的创新支持与个体的创新行为存在显著的正相关关系。薛玉品（2007）指出，主管支持、团队支持对员工创新行为的产生十分重要。顾东远等（2010）认为，员工的创新自我效能感能够增强员工的自信心，更有利于创新行为的产生。张婷婷（2009）研究发现，员工的工作动机越强，创新意识越明显。李娟（2012）研究证明了结果期望部分中介了组织创新氛围与员工创新行为间的关系。谢礼姗与关新华（2015）根据特质激发理论指出，在市场导向的引导下，员工的自我效能感与组织学习氛围共同作用于员工的创新行为。

3. 中介或调节作用

孙悦等（2009），陈玉、宋典（2011）研究发现，积极的组织创新氛围不仅在团队—成员交换和员工创新行为的关系中起到全部中介的作用，而且在战略人力资源与员工创新行为间也发挥着部分中介的效应。尹润泽（2012）验证了绩效考核目标取向对员工创新行为的影响受组织创新氛围的调节。郑建君（2009）、刘臻（2012）均认为，组织创新氛围能够显著调节员工创新能力与创新绩效的关系。丁刚等（2016）提出，组织创新氛围显著调节工作特征与员工创新行为的关系。

综上所述，随着知识经济的迅猛发展，组织创新氛围在组织发展与变革中发挥着重要的作用。尽管有关组织创新氛围的研究已有 20 多年的历史，但仍需不断深入研究。

### （三）组织创新氛围的维度与测量

1. 组织创新氛围的维度

国内和国外的学者均研究发现，组织创新氛围是一个多维度体系，良好的组织创新氛围需要来自多方面的支持。Ekvall 和 Ryhammar（1999）研究发现，组织结构的次序性、计划性、透明性、开放性、多样性与组织创新氛围显著正相关。王宁等（2009）将组织创新氛围归纳为工作自主性与挑战性、工作效率、资源供应、团队合作、工作压力、领导支持、团队支持与团队灵活性。因此，组织拥有良好的沟通、公平的奖赏机制有助于激发员工的创造力，从而促进创新行为的产生。组织创新氛围的因子结构如表 2-3 所示。

表 2-3　组织创新氛围因子结构描述

| 代表人物 | 因子结构 |
|---|---|
| Tagiuxi 和 Litwin（1968） | 与物质因素有关的生态维度，与成员相关的社会背景维度，与组织结构和管理层级有关的社会系统维度，与成员价值观、信仰、思维方式有关的文化维度 |
| Amabile（1987） | 鼓励创新、资源供应、自由度、冒险取向、管理技能、组织特性、挑战性 |
| Amabile（1989） | 挑战性、自由、认同与反馈、压力、时间、资源、主管支持、积极组织特性 |
| West（1996） | 工作愿景、参与安全性、任务导向、支持创新、沟通频率 |
| Amabile（1996） | 组织创造性、自由性、资源供应、压力、组织对创造力的阻碍 |
| Jill | 促进创造、促进执行 |
| 邱皓政 | 组织理念、资源供应、领导能力、团队默契、工作风格、学习和成长 |
| Mostert | 组织结构、组织环境、个人态度、行为和技能 |
| Hunter 等（2001） | 积极同事关系与上下级关系、资源供应、高管支持、报酬导向、强调产出、参与度、组织整合、挑战性、任务清晰度、自主性、人际沟通、智力启发 |
| 刘云等（2009） | 同事支持、主管支持、资源供应、任务特征、组织理念 |
| 吴治国（2008） | 人际沟通、创新支持、资源供应、工作流程、工作氛围、自由度、知识共享 |

本书关于组织创新氛围的结构主要借鉴国内学者刘云和石金涛（2009）的研究，包括同事支持、主管支持、资源供应、任务特征、组织理念五个维度，如表 2-4 所示。

表 2-4　拟采用的组织创新维度定义

| 维度 | 概念界定 |
|---|---|
| 同事支持 | 同事间互相信任、互相帮助、沟通交流 |
| 主管支持 | 主管对新思想的支持程度 |
| 资源供应 | 组织利用资源支持员工进行创新性活动 |
| 任务特征 | 工作自主性高，员工能够自主安排时间，自由完成工作 |
| 组织理念 | 组织赏识与支持，鼓励创新性工作 |

2. 组织创新氛围的测量

国内学者关于组织创新氛围的研究起步较晚，且主要是在 KEYS 量表的基础上进行翻译与修订，编制了本土化的测量量表，并验证具有较好的信效度。由于国外学者对组织创新氛围的研究历史悠久，他们对组织创新氛围测量量表的开发更加完善，尤其 KEYS 量表在国内外被广泛使用，具体如表 2-5 所示。

**表 2-5　国外学者开发的测量量表**

| 角度 | 研究者 | 名称 | 主要维度 | 评述 |
|------|--------|------|----------|------|
| 创新氛围有效性 | Siegel 和 Kaemmer (1978) | SSSI 量表（创新支持量表） | 领导行为、所有制、发展可持续性、感知一致性、多样化规范 | 主要用于学生与老师间的调查 |
| | Amabile (1987) | 工作环境量表 | 创新激励、奖励与肯定、工作资源、自由度与管理楷模、冒险取向、管理技能、组织特征、任务特征 | 用于商业环境的测量，缺少探索性因子分析 |
| | Ekvall (1996) | CCQ 量表（创新氛围问卷） | 挑战性、支持创意、信任、在组织中的自由度、工作自由度、动感、压力感、整体感 | 在商业环境中实用性强，但缺乏理论基础与样本数量、统计分析等方面的信息 |
| 创新氛围的基本特质 | Isaksen (1999, 2001) | SOQ 量表（组织创新氛围测评量表） | 资源、创意实践、创意支持、挑战性、动机、氛围、信任、公开、轻松和幽默、无人际冲突、探索、冒险取向、争论、工作自由性 | 对 CCQ 量表进行调整，多用于北美地区，缺少样本数量和样本背景内容的介绍 |
| | Amabile (1996) | KEYS 量表（组织创新氛围评估量表） | 组织鼓励、上级鼓励、工作团队支持、自由度、充足资源、挑战性工作、工作压力过度、组织障碍 | 应用最广，被证明具有很好的信度和效度 |
| | West (1996) | TCL 量表（团队创新氛围量表） | 愿景、参与安全性、任务导向、支持创新、沟通频率 | 用于团队层面的测量 |

本书主要采用刘云等（2009）的测量量表，先测量个体样本对工作环境的知觉描述，再把每个样本的数据进行汇集，形成组织总体的知觉描述。

## 四、创新行为

创新行为是各种创造性的属性之间相互作用所展现出来的种种现象。创新行为大体来说可分为三个层级：一是企业的创新行为，二是团队的创新行为，三是组织员工个体的创新行为。本书主要讨论的是个体层面的创新行为，以下将对员工创新行为的内涵、测量以及影响因素等方面研究成果进行梳理和分析。

### （一）员工创新行为的内涵研究

企业创新中最关键也是最重要的角色就是员工个体，同时也在企业的创新行为中发挥基础性作用（Shalley，1995）。组织员工个体的创新行为大都表现为角色以外的行为，也就是说，创造性行为处于企业正式规定的角色期望之外，它是由组织个体自身所发起的一种活动（Katz 和 Kahn，1978；Organ，1988）。学者们分别从不同角度阐释了员工创新行为的内涵，比较具有代表性的定义如表 2-6 所示。综合文献梳理，可将其归纳为以下两大类。

**表 2-6　员工创新行为的代表性定义**

| 来源 | 员工创新行为 | 定义视角 |
|---|---|---|
| Katz 和 Kahn（1978）Organ（1988） | 员工创新行为影响组织正式规定之角色期望、员工个体的自发性活动 | 个人特质 |
| Hurt 等（1977） | 员工创新行为是一种愿意改变的意愿 | 个人特质 |
| Kirton（1976） | 创新行为的主体破除惯有规则，建立起全新的感知架构，强调从多种角度来看待和解决问题 | 个人特质 |
| Karter（2000） | 员工创新行为由三个阶段组成，包括对问题认知后产生新观念、寻求他人的支持并实施自己的创造性知识，经过原型创造后，对产品或服务进行量化生产 | 过程或结果 |
| Kahn（1990） | 员工创新行为无论是在认知、情感还是在行为方面都集中表现为力图去开创一个全新局面或者生产出新成果的过程 | 过程或结果 |
| Woodman 等（1993）Amabile 等（1996） | 员工创新行为包含两个阶段，一是创造性知识的产生，二是执行创造性知识成果实施 | 过程或结果 |
| Scott 和 Bruce（1994） | 员工创新行为的出发点在于辨析问题，随即针对问题提出创造性的构想，或是提出解决问题的途径并寻求同盟者以支持，从而推进创造性构想的"制度化、产品化" | 过程或结果 |
| Kleysen 和 Street（2001） | 员工创新行为是指创造有利的、全新的知识，并将其应用在企业内各层次中所有员工个体的自我行动 | 过程或结果 |

第一，从个人特质视角来理解员工创新行为。一些学者从组织员工个人特质的多个角度定义了组织员工的创造性行为：Kirton（1976）认为，每个个体都有着不同的认知形态，且各自的认知形态紧密指导着他们行为的产生；惯于适应而不热衷改变的人通常默守成规，相反，创新行为的主体通常会破除惯有规则，建立起全新的感知架构，强调从多种角度来看待和解决问题。Hurt 等（1977）的研究表明，个体的创造性行为是自我意识中一种主动渴望改变的意愿。

第二，从过程视角或结果视角来理解员工创新行为。也有很多研究者从组织个体创造性行为的整个过程或者是行为所带来的结果方面作出了描述，其中有一些比较有代表性的定义，比如 Scott 和 Bruce（1994），Janssen（2000），Karter（2000），Sacramento 等（2013）。以过程视角或者结果视角定义组织个体的创新性行为逐渐成为主流，这一类定义表明了创新行为有两个衡量标准，包括新颖（即想法是打破惯例且原创的）和实用（即可带来实际的应用价值）。

**（二）员工创新行为的测量研究**

目前，学术界对于组织个体创造性行为的组成要素及测量尚未达成统一的共识，通过对相关文献的回顾，总结出了测量组织个体创造性行为的三种方法。

第一，客观测量法。创造性行为的评估可以通过两个维度进行：一是创新的投入量，二是创新所带来的成果，比如通过一项研发的资源投入或者其获得的专利数量来评估组织成员的创新性行为，但这种测量方法通常是不实用的，因为处于个体层面，难以获得准确的数据。

第二，调查量表法。调查量表法可以通过多种形式来对组织个体的创造性行为进行衡量，由被测者填写调查问卷，或者是由研究者对被测者进行访谈等。有很多学者针对组织员工创新行为的研究开发了不同的测量量表，主要有 Scott 和 Bruce（1994），Kleysen 和 Street（2001），Janssen（2000）等，这些量表大多在研究中确实展现出了可靠的信度和效度。只不过问题在于，学者们开发的这些量表对组织员工的创新行为的衡量是不一致的，比如其中一个量表包含了 6 个题项和 3 个维度（Scott 和 Bruce，1994），但通过实证研究的结果得知，组织个体的创新性行为并不是一个多维度而是单维度的概念。也有学者创造了包含 5 个维度的测量量表（Kleysen 和 Street，2001），但之后的研究结果验证了其结构效度存在着缺陷（张国梁、卢小君，2010）。一些中国学者在 Kleysen 和 Street 研究的基础上，结合中国的实际情况，在特有的文化背景下提出了包含两个维度的测量量表。

第三，工作日志分析法。此方法是对企业员工每天的工作情况进行详细记录，并对其进行较长时间的跟踪研究，从而探索组织个体对创造性行为的投入和产出的情况。这一方法有不少学者采用，比如 Amabile 等（1989，1996）。与此相类似的还有测量与过往相比较组织员工工作中的创造性行为给组织所带来的变化的情况。但这类测量方法由于其复杂性和较强主观性的特点，很少在学术研究中被采用。

**（三）员工创新行为的影响因素研究**

组织个体的创造性活动在提高组织绩效方面发挥着重要作用，特别是在由无形资产占主导地位的知识型企业中（Carmeli 和 Tishler，2004），企业员工个体的创新活动能够有效地提高企业在市场中的核心竞争力。一个企业想要在激烈的竞争中立足，关键在于突破性的创新，创造出新的能力来取代以往旧的或者过时的能力（约瑟夫·熊彼特，1990），而其中的重点又在于企业需要经验丰富、拥有新的知识和数据的个体来实施创造性活动（Kaplan，2001），他们能提出独特的见解并加以实施。因此，通过什么方式或者是研究什么内容来使组织管理者明晰激发组织员工的创造性思维和行为的关键性因素，具有十分重要的价值和意义（Scott 和 Bruce，1994）。因此，通过对既有相关研究成果的回顾，归纳出了影响组织员工创新行为的三个因素。

1. 个体层面因素

关于组织个体的创造性行为的早期研究主要以员工的个人特点（如思维、人格等）为焦点，但问题在于个人的特质是不易改变的，但容易被心理状态的变化所影响，从而促进了研究重点的转移，即从个人特点转向个人的心理状态。学者们关于个人因素对组织个体创造性行为影响的研究，重点在于个人的特点、认知方式和个人能力等方面。曾有学者指出，决定创新潜在能力的关键要素是个人的好奇心理以及持续不断的兴趣。Seibert（2001）在研究中指出，那些在人格上倾向于主动的个体通常能够对创造性行为进行预测。曾有研究证明，系统化解决问题的途径对创新行为产生负作用，然而通过直觉的方式解决问题却对创新思维的产生有着显著的促进作用（Scott 和 Bruce，1994）。个体特质比如人格特征、认知方式等，对组织个体的创造性行为的作用和影响是显而易见的，但每个创新主体心理状态的差异性是产生不同创造性知识的来源。所以，学者们开始倾向于心理状态，比如工作动机等，对组织个体创新思维和创造性活动影响的研究。Amabile 和 Gryskiewicz（1989）曾开发了创造力成分模型，该模型包括三个组成要素：一是相关行业的专业知识或技能，二是与创新能力相关的技能，三是工作动机。曾有中国学者通过研究揭示了组织个体的自身内在动机对其创新思维和行为的产生及执行都起着促进作用，而内在以外的动机仅仅影响创新活动的实施（卢小君、张国梁，2007）。此外，许多学者证明了组织个体的心理授权（刘耀中，2008）、职业情感（Oldham 和 Cummings，1996；朱苏丽、龙立荣，2010）、自我效应感（顾远东，2010）等描述个体心理状态的变量也会对其创新思维和创造性行为产生影响。

2. 环境层面因素

个体不是独立存在的，而是处于一定的环境中，并且与环境中各要素之间都有着紧密的联系，个体的内在心理、行为活动必然受到外界的影响。社会网络理论指出，每个个体或者是企业组织都处于交叉复杂的社会网络之中，都与外在环境的"社会关系"和"联结"紧密相连。所以，组织个体的创造性活动会受到组织外在环境的影响。一些学者认为，宽泛的外在关系对组织个体的创造性活动起着有力的推动作用，曾有研究发现，加强组织内部员工与组织外部专家的联系，有益于员工创新思维和创新行为的产生（C.

Kimberly 和 Evanisko，1981）。其中也不乏学者持不同的观点，有学者认为组织中较弱的关系会提升组织个体创造的积极性，当组织员工与外界环境接触较少时，网络中心性与创新性具有更强的正向相关性。学者们的关注重点在于企业内在环境对其员工的创造性行为的影响机制，从而在研究过程中选取了企业内部环境的相关变量，主要包括管理者因素、职业特征因素、组织因素以及工作团体因素等。大量实证研究表明，组织管理者在提升其员工的创新能力中扮演着重要的角色（Gong，2009；Scott 和 Bruce，1994）。企业管理者对其员工的创新思维、能力和动机产生影响进而推动了员工自我创造性行为的产生，通常是由于管理者的人格本质、自身行为以及与下属之间的关系的原因（曲如杰、王祯、焦琳，2013）。此外，Amabile 等（1996）认为，在激发组织个体创造性行为的因素中，组织因素是不容忽视的，比如组织结构（杨晶照、陈勇星、马洪旗，2012）、组织文化（Lau 等，2004；杜鹏程等，2015）、技术、战略等企业组织特征都会对组织个体的创新思维和创新行为产生一定的影响。组织个体的创新思维和创新行为还受到其职业特点的影响，主要包括三个方面：一是职业自主性（Shalley，1995），二是职业的复杂性和挑战性（Shalley、Zhou 和 Oldham，2004；Farmer，2003），三是职业压力（王先辉等，2010）。除了管理者、组织和职业特征能影响个体创新思维之外，集体也是一个不容小觑的影响因素，有学者研究证实了当组织员工处于支持性氛围浓厚的团队中开展工作时，能够有效提升员工的自我创新能力（薛靖、任子平，2006）。Hirst 和 Monica（2009）认为，组织个体的学习指向和个体创造之间的关系可以通过团队集体的学习加以调节。

3. 个体—环境因素交互作用

当前，有关组织个体创造性行为的研究，学者们越发地倾向于从个体和外界的交互作用的角度出发来进行探索（Woodman 等，1993）。有学者提出了个体—环境的交互影响模型，他们指出，人是社会性的，人的社会性源于自身与外在环境的交互作用，所以个体的创造性行为受到自身和社会的共同影响。该模型的优势在于整合了对创造性行为产生影响的各种可能因素，为研究创造性行为的复杂成因提供了系统的框架。社会与情境两种外界因素造成了创造性活动过程中创新行为的差异并对其产生积极影响（Woodman 和 Schoenfeldt，1989）。除此之外，一些学者在研究组织个体创造性行为中职业情感与支持性的工作环境所发挥的作用时发现，组织员工在支持性的工作环境中的创新能力最强、创新思维最活跃、创新行为表现力最强，其关键在于员工的积极和消极情感都处于高位的时候才会有所体现。Hirst 和 Monica（2009）的研究表明，组织个体的创造性行为还会受到集体学习行为和个体学习导向的影响。孙健敏和王震（2009）在研究组织个体创新行为时，也从人与外界环境匹配的角度进行了探究。

4. 员工创新行为的维度测量

学者们从不同的角度对员工创新行为进行界定，有的学者认为其是单维度概念，有的则认为多维度的概念更能体现员工创新行为的多面性。通过阅读大量相关文献，现将员工创新行为从单维度与多维度角度进行梳理，如表 2-7 所示。

表 2-7　员工创新行为的维度描述

| 维度 | 研究者 | 主要内容 | 评述 |
|---|---|---|---|
| 单维度 | Scott 和 Bruce（1994） | 提出新技术、程序、技巧或产品创意、寻求支持者、实施创意 | 用于员工的主观评价，具有较好的信效度 |
| | Janssen（2000）George 等（2001） | 思想的产生、提升和实现 | 三个维度的相关度较高用于领导主观评价员工创新行为的表现，量表信效度理想 |
| 两维度 | 黄致凯（2004）卢小君（2007）顾远东（2010） | 产生创新构想、执行创新构想 | 具有较好的信效度 |
| 四维度 | Hoccvar（1979） | 兴趣爱好、意识、想象力、注意力，寻找创新的机会、产生创新构想 | 具有较好的信效度 |
| 五维度 | Kleysen 等（2001） | 对创新构想进行评价、获取支持、实施应用 | 信度良好，效度欠佳 |

由表 2-7 可知，对于员工创新行为的结构维度与测量仍未达成共识，单

维度量表将创新行为视为一种结果，而多维度量表则认为创新是一个过程。前文已阐述，员工创新行为是员工在组织中创造、引进、应用有益的新事物的活动。因此，本书选取 Scott 和 Bruce（1994）的 6 题项单维度量表，该量表在国内外学者的研究中广泛应用，具有较高的认可度。

## 五、组织支持感

随着市场竞争愈演愈烈，各种类型、规模的企业纷纷裁员、重组甚至破产，组织内的稳定雇佣关系受到严峻挑战。因此，对于企业来说，促进良好的员工—组织关系，以提高员工的组织绩效迫在眉睫。

### （一）组织支持感概念

组织支持感的概念是在国外学者 Blau（1964）和 Eisenberger（1986）提出的关于社会交换理论与组织支持理论的基础上产生的。

1. 社会交换理论（Social Exchange Theory，SET）

社会交换理论是一种社会学理论，该理论在特定的人性假设条件下，提出人与人之间建立关系的实质是在进行"物质及非物质"的社会交换，这种交换的隐含条件是各自持有对方所需的资源，交换的目的是实现自我利益。即当给予方以劳动、支持等形式提供帮助时，接受方将以对应的奖赏或报酬回报其所受的恩惠。在他们之间，遵循着互惠原则。

2. 组织支持理论（Organizational Support Theory，OST）

组织支持理论是在社会交换理论和互惠原则的基础上发展和形成的，该理论重在强调"组织对员工的承诺"，当员工感受到组织对他们的关心和重视时，他们更愿意留在组织内部，并以组织所期待的方式为其创造价值，因此不仅仅局限于组织对员工的承诺。

此外，国外学者 Levinson（1965）还提出了组织拟人化思想（Organization Anthropomorphic Thought，OAT），该思想认为个体会将人类的特征投射到组织中，从而使组织具有与人类相似的特点。因此，社会交换理论的互惠原则和组织支持理论均适用于组织与员工之间。员工也经常通过组织对他们所采取的举措来判断组织是否重视他们所作出的努力和贡献。即当组织关心、帮助员工时，员工也会积极投身于组织工作，支持组织。但在过去很长的时间里，大部分的研究只局限于员工对组织自下而上的单向贡献与承诺，缺少组织对员工承诺的自上而下的研究。

20世纪80年代，美国社会心理学家 Eisenberger 等在高校实施调研，探究教师旷工率和组织支持的关系，结果发现，学校与教师的交换意识越强，旷工率越低。这恰恰反映了组织与员工的承诺是相互的。当员工感受到组织的关心时，能够产生积极的回报意图与行为。基于此，他们在社会交换理论、组织拟人化思想的基础上提出并总结了组织支持感理论，定义了组织支持感的概念。这为本书将组织支持感作为中介变量，引入组织创新氛围与员工创新行为的关系研究中奠定了理论基础。

3. 组织支持感的概念界定

有关组织支持感概念的界定，不同的研究者从不同的角度进行了阐述，现将其进行汇总，如表2-8所示。

表2-8 组织支持感概念界定

| 研究者 | 概念界定 |
| --- | --- |
| Eisenberger 和 Huntington 等（1986） | 员工对组织产生的整体性概念，用以衡量组织对其贡献所给予的薪酬待遇的总体知觉和信念，组织支持感可降低缺勤率 |
| McMillin（1997） | 员工感受到的组织对其亲密支持、尊重和工具性支持 |
| Rhoades 等 | 员工感受到的组织在有利或不利的环境下自己是否被区别对待，他们的贡献是否得到重视 |
| 凌文栓（2006） | 员工对组织给予的工作支持、价值认同、利益关心的总体感知和信念 |
| 陈志霞（2006） | 员工感受到组织是否尊重、支持和关心自己的知觉 |

根据表2-8，关于组织支持感的概念可总结出以下两点：

（1）员工对组织重视其贡献程度的信念。

（2）员工所感知到的组织对他们的关心和照顾。

综上所述，本书认为，组织支持感是指员工对组织为员工工作开展所提供的工具性支持与满足员工的社会与心理需要的情感性支持的感知。

## （二）组织支持感的相关研究

### 1. 前因变量

通过对相关文献的整理发现，组织支持感的前因变量影响因素不仅包括组织因素，个人因素也会影响组织支持感的形成。

（1）组织因素。Rhoades 等（2002）研究发现，组织公平、领导支持、组织奖赏和良好的工作条件能够增强员工的组织支持感。组织公平包括结果公平、程序公平和互动公平，程序公平会影响员工的公平感受和自我价值的认定，从而影响员工的组织支持感。Shore 等（1995）则认为，组织资源和数量的公平分配对员工的组织支持感有重要影响。Allen 等（2003）的研究表明，支持性的人力资源管理活动对员工的组织支持感的产生具有突出贡献，这间接地验证了组织的程序与过程的公平对员工组织支持感的重要作用。根据组织拟人化思想，当员工将上级视为组织的代理人时，上级对员工的态度和行为会直接影响员工的组织支持感；当上级主动关心、积极评价员工时，作为回报，员工会以积极的态度更高效地工作。组织支持感理论指出组织奖赏和工作条件包括组织认同、晋升机制、学习培训、福利待遇、工作环境等方面，大量的学者研究证明这些因素都对组织支持感有显著影响。Yan Zhang（2003）结合中国的情境，证明了员工更倾向于组织的显性福利的特点。

（2）个体因素。员工的个体特征变量与人口统计学特征（年龄、性别、婚姻、工作年限、受教育程度等）都是影响员工组织支持感的因素。积极的工作态度、热情的待人接物都会赢得同事与领导的支持，反之，则会导致同事与领导避而远之，较少做出支持行为，进而降低组织支持感。

### 2. 结果变量

（1）组织承诺。根据社会交换理论的互惠原则可知，当组织满足员工工作所需，提供帮助时，员工也会相应地产生组织认同感和归属感，增加员工对组织的感情承诺。Driscoll 等（1999）通过实证研究也验证了该观点。

Bishop 等（2005）研究发现，组织所给予的支持程度会影响员工对组织承诺的程度。凌文栓等（2006）、吴继红（2006）也验证了组织支持感对员工感情承诺有积极的影响。

（2）工作投入。McMillin（1997）研究发现，若组织为员工开展工作提供支持，满足所需，则员工更易全身心投入工作。Susskind 等（2000）根据社会交换规律，发现员工的责任感和情感承诺会减少其缺勤行为。Eisenberger 等（2001）、Barksdadel 等（2001）研究表明，组织支持感与工作投入呈现高度正相关关系。

（3）组织公民行为。George 和 Brief（1992）研究发现，组织公民行为受组织支持感的支配。Jacqueling 和 Conway（2005）发现，当员工组织支持感高时，更倾向于帮助组织规避风险、提供建设性意见、帮助同事组织公民行为。

3. 中介或调节作用

刘迎（2015）通过回归分析发现，工作复杂性在组织支持感与组织生产行为间发挥调节作用。陈婷（2015）将组织认同作为中介变量，引入组织支持感与工作投入的关系研究中，发现组织认同在二者间的中介效应显著。有学者研究表明，组织支持感通过员工个体的积极情绪、创造力效能感对员工创新行为产生影响，而组织与员工间的供给需求是否匹配在组织支持与员工绩效间发挥着调节作用。张凤华（2013）认为，员工的心理资本在组织支持感与员工创新行为间发挥中介作用。

综上所述，尽管关于组织支持感的研究已取得了很大进展，但只有少数学者探索了组织支持感与员工创新行为的中介或调节变量。基于此，本书将组织支持感作为心理变量（第三变量），探索其在组织创新氛围和员工创新行为间发挥的中介作用。

**（三）组织支持感的维度测量**

尽管国内外学者对组织支持感进行了广泛研究，但截至目前，关于组织支持感维度的划分仍未统一。根据维度数量的不同，分别对组织支持感的测量方法展开论述，如表 2-9 所示。

**表 2-9　组织支持感维度与测量**

| | | | |
|---|---|---|---|
| 单维度 | Eisenberger 等（1986） | 组织支持 | 信效度良好 |
| | Bhanthumnavin（2003） | 情感性、信息性、物质资源供应 | 满足生活需求，组织成员沟通交流，渴望组织情感回报需求 |
| | Kraimerm 等（2004） | 适应性支持、生涯支持、财务支持 | 带有一定的偏向性（外派） |
| | 李佳怡（2000）徐哲（2004） | 资讯支持、物质支持、人员支持、亲密支持、社群支持 | 共包括 73 个题项 |
| 多维度 | 凌文栓等（2006）杨海军等（2006） | 职业生涯、上下级关系、工作环境、工作生活平衡、个人成就、工作目标、工作支持、组织认同、利益关心 | 以服务业员工为研究对象 |
| | 陈志霞等（2008） | 工具性支持、情感性支持 | 再测信度与同质性信度较高 |
| | 宁赟（2010） | 工作支持感、生活支持感 | 信效度较好 |

　　当前关于组织支持感的测量多采用 Eisenberger 等（1986）的单维度组织支持感问卷（SPOS）（36 个题项），但由于题目过多，国外学者将其进一步简化，提取高负荷条目组成新量表，经过信效度分析发现，新量表有着较高的实用性和有效性。凌文栓等（2006）发现，中国的组织支持感结构不同于西方，是具有多维度结构特征的群体。他们开发了中国文化背景下适用于服务行业的组织支持感测量量表，共 24 个题项，信效度良好。后来，陈志霞（2008）以组织支持感理论作为研究基础，提出假设并验证了组织支持感被有效地划分成工具性支持感与情感性支持感。该量表打破了传统重视员工的工作情况、忽视员工的情感生活状况的思维定式，促使员工的工作与情感生活平衡得到组织支持。

　　综上所述，本书主要采用陈志霞（2008）的组织支持感测量量表，该量表包括两个维度：一是员工所感知到的组织为员工工作开展提供的工具性支持；二是满足员工社会和心理需要的情感性支持。

# 第四节　小结

　　本章介绍了本书研究的相关理论基础，阐述了工作动机理论、工作动机的基本内涵、工作动机的结构维度以及工作动机的影响因素。同时，阐述了激励理论以及激励影响因素。本章对三个主题的相关研究进行了综述，通过对组织创新氛围、员工创新行为以及组织支持感相关研究的梳理与总结，笔者认为，组织创新氛围与组织支持感都能促进员工创新行为的产生。而且，组织创新氛围与组织支持感之间存在联系，组织创新氛围为员工提供了良好的组织承诺，在满足员工进行创新工作所需时，他们会充满自信，更加积极主动地完成组织所交代的任务。

# |第三章|
# 组织创新氛围对员工创新行为影响的概念模型与研究假设

## 第一节 模型切入点

在任意时间内一系列的创新组合统称为创新行为，是创新理念以及创新产品的形成过程，是个人特质属性、心理属性和情景属性相互交叉作用表现出来的现象集合。创新行为大致分为组织创新行为、团队创新行为和个体创新行为三个层次。

员工创新行为的提升不仅能够快速提高企业竞争力，节约社会成本，还能为企业创造更高业绩水平，特别是在重视无形资产的知识型企业里表现更为突出。组织要以创新变革为核心，对人才更新换代，就需要大量知识储备丰富且把控最新数据的员工提出新理念并加以实施新方法（Kaplan，2001）。研究影响员工创新行为的因素是非常重要的，其中个体因素和环境因素尤为重要。

研究初期，学界将个人特质作为研究员工创新行为的核心，但个人特质相对固定，心理状态则成为引发个人特质变化的重大影响因素，研究的焦点也转移到心理状态。个人特质、思维方式、能力是个体创新行为的主要方面，例如个人好奇心与兴趣爱好是创造的动力，主动性人格可能对创新行为进行预测（Seibert，2001），固化问题的解决方式不利于创新行为的产生（Scott 和 Bruce，1994）等。产生创新差异的本质是创新个体的心理状态，不同的人格特征、思维方式会形成不同的工作动机、心理授权。员工内在动机在创新行为发生和执行阶段均有促进作用，而外部动机的促进作用仅限于创新行为的执行（卢小君、张国梁，2007）。除此之外，员工的心理授权（刘耀中，2008）、自我效能感（顾远东，2010）、工作情感（朱苏丽、龙立荣，2010）等心理状态变量对员工创新行为的影响也得到了验证。

环境是个体存在的载体，环境的变化会引起个体行为和心理状态的变化。基于社会网络理论，任何个体或组织之间都存在"社会关系"以及"联结"，从而形成交叉繁杂的社会网络，组织的外部环境会对个体的创新行为产生影响。个体通过联系组织外部的专业人员，可促使个体自身的创新表现有所增加（Kimberly 和 Evanisko，1981），并且良好的外部环境可以促进员工创新行为的发生。但是，也有部分学者认为，员工的外部关系越少，越有利于创新行为的增加，个体的组织外部环境越单纯，创造性与网络中心性的关系就越密切（Perrysmith，2006）。此外，领导因素、工作特征因素、组织因素以及团队因素等组织内部环境成分也是学者调查研究的对象。Gong 等（2009）经研究发现，领导者会影响员工创造性的发挥，通过自身特征、行为习惯和与员工间的私交等方面，逐步影响到员工的创新认知、行为动机、工作能力以及自我概念的形成，从而达到激发员工创新行为的目的（陈雪峰、时勘，2009）。组织因素会改变员工的创新行为（Amabile 等，1996），其中，组织特性中的资源、报酬（曾湘泉、周禹，2008）、组织文化（孙锐，2009）、战略（Lewis 等，2003）、技术以及组织结构（杨晶照、陈勇星、马洪旗，2012）因素均对员工创新行为有所作用（Woodman 等，1993）。此外，工作的复杂性与挑战性（Shalley，1995；Farmer，2003）、工作的压力（王先辉等，2010）以及自主性（Shalley 和 Perrysmith，2001）等工作特征也在时时刻刻产生影响。工作团队的支持性氛围对员工创新行为产生积极效应（薛靖、任子平，2006），团队的学习行为可调和员工的学习导向和创造性之间的关系，团队成为影响员工创新行为的另一重点因素。

迄今为止，大量研究已从个体与环境间的交互作用视角对个体创新行为有了初步认知。Woodman 和 Schoenfeldt（1989）构建了个体与环境交互作用影响创新行为的模型，即个体创新行为产生的影响因素除了个体外，还有社会的作用，为"环境是个体行为的必要条件，个体行为以及心理状态也受环境所影响"这一观点提供了科学的理论支撑。该模型将影响创新行为的可能因素包含在内，为后续创新行为的影响因素研究提供了科学依据。研究发现，社会与情境两种环境因素对表现出的创新行为差异性程度的函数是积极作用的函数。换句话说，任何创新行为的特征都可以依据情境与社会两种环境因素发生阻碍或促进的作用来描述分析（Woodman 和 Schoenfeldt，1989）。此外，Giinzelj Ensen 等（2017）以工作情感与支持性工作环境对员工创新行为产生的交互作用研究为理论基础，发现在支持性的工作环境下，当积极情感和消极情感都处在较高水平时，员工产生创新行为的可能性最大。孙健敏和王震（2009）在人和环境匹配的视角下研究员工创新行为产生的影响。

组织创新能力的提高离不开员工创新行为，在组织氛围相对开放且友善，组织以及组织的管理者包容性强的低权力距离组织中，新观点和员工创新行为产生的数量与质量均遥遥领先（Amabile 和 Gryskiewicz，1989）。综上所述，组织创新氛围不同，员工创新理念的产生与执行的效果会存在差异，高权力距离虽然会抑制员工创新性理念的发生，却能够促进创新行为的执行，激励员工创新性理念从发生向执行转化（王垒、姚翔、王海妮等，2008）。迄今为止，大部分研究均将组织创新氛围和员工创新性理念视为关注焦点。

组织支持感是员工对组织的一种较高级别的态度、是员工对组织的认同感受。员工对组织的态度如何、对组织认同感的高低是员工对组织的付出的投入、对组织的满意度以及对组织认同感的程度的具体表现。

以往的研究中，有许多理论从不同的角度对个体为什么做出某一行为进行分析和解释。其中，社会认知理论基于人的能动性，认为人能够理解和认识自己所处的外部环境，并且能够自觉地根据其所处的环境反思并调节自己的行为，使之与其所处环境协调。而人对其所处的外部环境的认识和理解取决于个体和环境之间连续不断的交互作用，个体根据对外部环境的认知来思考自己的行为是否与环境匹配，并不断对自己的行为进行调整；同时，个体行为又在不断地改变着其所处的环境；个体思维活动和外部环境因素一起，共同决定着人们的行为。所以，根据社会认知理论对个体行为的解释，员工创新行为不仅是由员工个体的思维活动等个人内在结构所决定的，而且是由员工个体和组织环境的交互作用所决定的。

通过社会网络理论我们知道，任何个体或组织都是处于某一特定环境中的，其信念、目标、行为、心理状态等必然会受到其所处的外部环境因素的影响。因此，企业的外部环境也必然会对企业员工的创新行为产生影响。班杜拉等在"三元交互作用"中指出，环境、主体认知以及人的行为之间构成动态的交互决定关系，任意两个因素的双向互动关系的强度和模式，都随行为、个体、环境的不同发生变化（班杜拉、蒋晓，1986）。个体所做出的组织承诺源于个体对组织的理解、认同和责任感，取决于个体的信念、目标、情绪等内在因素，这实际上是一种"内化的行为规范"（Wiener，1982）。个体的行为和外部环境因素又反过来影响着个体的信念、目标、情绪等。当组织内部员工与组织外部环境发生频繁交流互动时，内部员工能够源源不断地从环境中吸收新知识、新观点、新方法，为企业员工从不同的角度理解和认识问题以及企业创新提供了基础，因此也就会促进内部员工打破常规，最终做出有利于企业生存的创新行为。

综上所述，在个体行为与外部环境的相互决定过程中，个体行为不断地改变其所处的外部环境使之适应人的需要，个体行为也受限于外部环境的情况。这一关系表明，个体内在的信念、目标、情绪等虽然受限于外部环境情况，但外部环境的作用并不是绝对的，还取决于个体对外部环境的认识和理解。同样，员工创新行为除了受到个人内在的信念、目标、情绪等结构变量影响外，还受组织权力距离的影响（曾姿竞，2015）。权力距离是极具代表性的组织文化环境因素，它是指整个社会或个体对权力高低分配不均的理解和接纳程度（Hofstede，1980），是组织个体的创新行为产生过程中的重要影响因素（Gryskiewicz，1988；Nakata 和 Sivakumar，1996）。根据社会认知理论的解释，在个体和环境连续不断的交互作用过程中，个体会根据自己对外部环境的认识和理解来调节自己的行为，同时个体的行为又能够影响和改变自己所处的外部环境，个体的内在思维活动和其所处的外部环境因素一起，共同决定着人们的行为。由此可以看出，权力距离作为企业员工所处的外部环境，影响着企业员工的组织承诺和创新行为，企业员工所处的外部环境与企业员工的组织承诺之间具有交互作用。

借鉴以上研究成果，可以大致建立一个基于社会认知理论的员工创新行为分析框架，在这个分析框架中，员工的创新行为受到组织环境中重要变量——组织创新氛围的影响，同时由于个体差异会导致员工对组织的认同程度不同，因此员工最终做出的行为也会受到影响。此外，该分析框架还体现了组织创新氛围对员工创新行为的交互作用。接下来，本书将用这一分析框架来探究组织创新氛围与企业员工创新行为之间的关联性问题，并通过实证研究来验证本书的研究假设。

# 第二节 概念模型

根据社会交换理论的互惠原则和组织支持理论作出判断，组织创新氛围不仅能够直接影响员工创新行为，而且也会通过组织支持感这一中介变量的作用对员工创新行为产生间接影响。基于此，建立如图 3-1 所示的理论模型。

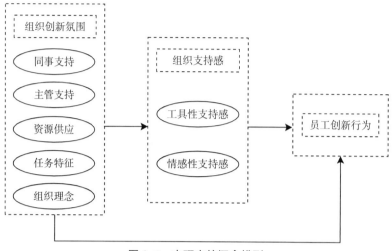

图 3-1  本研究的概念模型

# 第三节  研究假设

## 一、组织创新氛围与员工创新行为

通过文献回顾发现，不同学者从不同的角度界定了组织创新氛围，均认为组织创新氛围是员工对所处工作环境的创新支持的知觉描述。同时，他们通过实证研究证明了组织创新氛围是影响员工创新行为的重要因素之一。Sethia（1989）通过实证研究分别从领导方式、奖励机制、组织机构验证了组织创新氛围对个人创新行为的预测作用。Scott 和 Bruce（1994）将员工的创新行为看作个人、领导、团队及组织创新氛围相互作用的产物。Shalley 等（2009）研究发现，员工在得到主管支持时，能够更加努力地发挥创意。王宁等（2009）、顾远东等（2010）指出，很多企业为激发员工创新，依靠硬性指标给员工施压，结果显示，这样做并不理想，甚至有些员工跳槽后，陆续研发新技术、新产品，究其根源，主要是企业无法为员工提供良好的创新环境。

综上所述，员工是组织进行创新活动的重要载体，为其提供良好的组织氛围是必不可少的。据此，提出 H1，具体如图 3-2 所示。

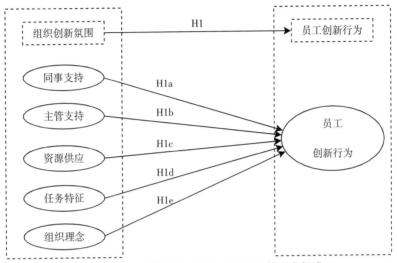

**图 3-2　组织创新氛围对员工创新行为的研究假设**

H1：组织创新氛围对员工创新行为产生正向影响。

**（一）同事支持对员工创新行为的研究假设**

同事支持，是指同一单位处于同等地位和水平的个体之间相互提供支持及援助。汤磊雯（2008）强调同事之间有很多类似的情境和问题，但他们都有着不同的背景与技能，为了实现共同的目标，他们更愿意互相协助，从而激发员工产生新的想法或问题的解决方式。前人关于组织创新氛围与员工创新行为关系的研究中发现，同事支持显著影响员工创新行为。Amabile（1996）通过研究证明了工作群体的支持对员工创造力的积极影响，验证了同事支持这一工作环境因素与员工创新行为的关系。Hirst（2009）提出，团队的学习行为能够调节员工的学习导向与创造性之间的关系，并验证了该假设。薛靖（2006）、黄致凯（2001）通过实证研究均证明了工作支持、同事支持对员工创新行为的产生具有突出贡献。

综上所述，同事支持主要是作为一种机制对员工的创新行为产生作用，但该机制既有利也有弊。当同事间互相帮助与支持时，员工能够产生更高水平的创新性行为。相反，当同事间具有挑衅与竞争性时，会降低其创造力水平。然而，国内学者戴春林（2011）认为同事支持更多的是一种优化机制，良好的同事支持环境有助于改善工作环境，提高员工的工作热情与积极性，进而激发其创造性。据此，提出 H1a：

H1a：同事支持对员工创新行为产生正向影响。

### （二）主管支持对员工创新行为的研究假设

主管支持，指主管能够为员工提供良好的工作环境，制定合理的目标，给予员工帮助和信心，以实现员工创意构想的执行。社会交换理论的互惠原则指出，主管支持的作用被预测为员工创新绩效的关键性因子。大量研究表明，主管在激发员工产生创新行为中发挥着重要作用（Zhang 和 Bartol，2010；Scott 和 Bruce，1994；Gong，2009；等等）。李锐等（2008）研究发现，随着组织去中心化的开展，主管逐渐取代组织或高层领导发挥激励和留住员工的作用，员工也更加期待主管能够指引自己的工作行为（李锐、凌文栓，2008）。田喜洲等（2010）研究显示，主管支持会通过心理资本直接或者间接地影响员工创新行为。他们通过个人特质、行为以及与员工的关系，影响员工的创新行为（Clapham，2000；曲如杰、时勘等，2009）。

综上所述，适当的主管支持不仅可以缓解员工心理紧张程度，降低员工压力带来的负面影响，而且有助于激发员工的组织公民行为，提高员工的创新绩效。由此可见，提高主管支持程度，尤其是积极的关注、正向的回应与鼓励态度对于增强员工创新行为具有十分重要的意义。据此，提出 H1b：

H1b：主管支持对员工创新行为产生正向影响。

### （三）资源供应对员工创新行为的研究假设

资源供应，是指员工在进行创新活动时，能够获得充足的时间、资金、材料等支持，这些物质资源均是员工创造力发挥的关键所在，尤其需要足够的时间进行发散思维是产生创新行为的必备条件。Katz 和 Alien（2002），

Amabile（2003）研究发现，足够的、不被打扰的时间对技术人员至关重要，否则他们将无法进行创造性思考。Scott 和 Bruce（1994）研究发现，组织为员工提供有助于他们创新的资源，必将刺激更多的员工创新行为的产生。

此外，组织提供充足的资源，一方面是对员工价值的认可，他们会在心理形成个人的感知与态度，从而影响员工的真实行为；另一方面在实际中也会影响员工实现自己的创新构想，因为关键资源的缺乏会使员工感受到不受重视，产生消极的情感体验，限制其主动性的发挥和阻碍创造性的思考。据此，提出 H1c：

H1c：资源供应对员工创新行为产生正向影响。

**（四）任务特征对员工创新行为的研究假设**

任务特征，是指员工有安排工作时间与工作方式的自主权。一般来说，创新行为需要员工打破常规，自主工作，以寻求新方法、新思路，激发员工的积极性，从而影响创新绩效。前人关于任务特征与员工创新行为的研究中，均验证了二者存在相关关系。Hackman 和 Oldham（1976）研究发现，高水平的任务特征对内在工作激励、工作绩效和工作满意度产生积极影响，进而影响员工的工作行为。Ford 和 Kleiner（1987）认为，员工在探索新想法和创造力时，需要拥有适度的自主权来决定工作时间的安排。Shalley（2000）研究发现，当面对具有高要求、高标准特征的工作时，员工的工作自主性会激发其创新潜能。国内学者在前人的基础上也对二者关系进行了实证研究，赖俊哲（2004）验证了工作自主性有助于增强员工的创新意愿和解决问题的能力。由此可见，当员工对日常性的工作拥有高度的自主权和决定权时，会引起他们对工作的强烈兴趣，不仅有助于其创造力的发挥，还能够在其自由选择工作方式的前提下，产生更有创意的成果。据此，提出 H1d：

H1d：任务特征对员工创新行为产生正向影响。

**（五）组织理念对员工创新行为的研究假设**

作为企业的精神支柱，不同的环境下组织理念的含义不同，通常情况被认为是组织给予员工的制度以及文化方面的支持和鼓励，主张员工在错误中不断地总结经验教训，从哪里跌倒就从哪里爬起来，再进行尝试的一种理念。由此可见，组织对员工进行创新活动的理念支持意义重大。Isaken 等（1990）指出，组织价值观、传统文化都会影响员工的创造力。若企业鼓励创造，尊重创新，员工也会愿意尝试新挑战，相互交流，分享新的想法，激发创造力的产生。Dougherty 和 Heller（1994）认为，要想在创新活动中取得成功，组织对员工创新的支持必不可少。

除对员工的创新行为进行精神上的肯定以外，公平且积极的评价等物质性奖励更有助于员工的创新构想在组织内快速传播与分享。据此，提出 H1e：

H1e：组织理念对员工创新行为产生正向影响。

## 二、组织创新氛围与组织支持感

通过对上一章节的回顾，不同学者从不同维度界定组织支持感，但均是在社会交换理论的互惠原则基础上提出的，主要强调组织对员工的支持和忠诚能否让员工感受到（即自上而下的承诺）。前人关于组织支持感前因变量的研究较为丰富，具体可分为组织与个人两大因素。由于本书主要探讨组织支持感在组织创新氛围和员工创新行为间的中介效应，因此，提出组织创新氛围五个维度对组织支持感两个维度的研究假设，如图 3-3 所示。

### （一）组织创新氛围对工具性支持感的研究假设

国内外学者研究表明，当同事之间相互帮助和学习时，员工能够提升自己的归属感和工作满意度，从而影响工作行为。石海梅等（2013）以高校教师为调研对象，研究工作特征、组织公平感与支持感对职业倦怠的关系，结果表明三者呈负相关。即工作特征越明显，组织公平感与支持感越高，高校教师的职业倦怠越低。陈志霞等（2009）在关于支持性人力资源对员工工作绩效的影响研究中指出，员工倾向于将支持性的管理实践作为自己形成和提高组织支持感的重要依托。这有助于他们在心理层面形成组织支持和关心自己利益的一种复杂的综合知觉。

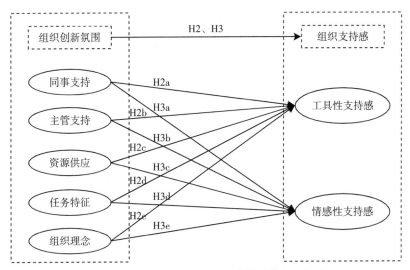

**图 3-3 组织创新氛围对组织支持感的研究假设**

综上所述，良好的工具性支持能够使员工感受到组织对他们的重视，作为回报，员工也会更加积极地投入到工作当中。据此，提出 H2：

H2：组织创新氛围对工具性支持感产生正向影响。

H2a：同事支持对工具性支持感产生正向影响。

H2b：主管支持对工具性支持感产生正向影响。

H2c：资源供应对工具性支持感产生正向影响。

H2d：任务特征对工具性支持感产生正向影响。

H2e：组织理念对工具性支持感产生正向影响。

### (二) 组织创新氛围对情感性支持感的研究假设

在工作中，员工经常会面临工作家庭冲突的压力，当组织为员工提供家庭照顾福利等情感支持时，员工会产生更高效的工作业绩。因此，越来越多的企业开始采用员工福利和"工作—家庭项目"（Work-Family）支持和满足有家庭的员工的特定需求。

国外大量学者研究发现，上级支持不仅可以有效地缓解员工工作家庭冲突，还有利于员工产生创新行为（Thonas 和 Ganster，1995；Goff 等，1990）。

国内学者在前人的基础上也进行了大量研究，张菲若（2011）研究发现，上级—下属关系的情感连带与私生活介入通过组织支持感作用于离职倾向。通过满足员工的情感和生活所需，增强员工的组织认同，使员工对组织产生归属感，增加对组织的信任，进而促进创新行为的产生。朱奕蒙（2011）研究发现，工作特征的好坏对组织支持感有影响作用，反之，组织支持感的高低也会影响工作幸福感的高低。

综上所述，组织为员工营造良好的工作环境体现了组织对员工的理解、关心、重视、肯定以及贡献认同等，尤其对员工提供"工作—家庭项目"缓解了工作家庭冲突，这些都显著提高了员工的组织支持感。据此，提出 H3：

H3：组织创新氛围对情感性支持感产生正向影响。

H3a：同事支持对情感性支持感产生正向影响。

H3b：主管支持对情感性支持感产生正向影响。

H3c：资源供应对情感性支持感产生正向影响。

Had：任务特征对情感性支持感产生正向影响。

H3e：组织理念对情感性支持感产生正向影响。

## 三、组织支持感与员工创新行为

自 Eisenberger 等（2001）提出组织支持感的概念以来，国内外学者围绕此概念进行了广泛研究，并验证了组织支持感对员工和组织都发挥着重要作用。

国外学者 Amabile 等（1996，2004）长期关注支持性组织情境对员工创新行为的影响，认为组织支持能够使员工感受到组织的鼓励、尊重、肯定等，从而表现出较强的创新性。这些创新性支持不仅包括情感性支持、技术或任务方面的工具性支持，还包括人际支持等。Mumfrd 等（2002）指出，当员工受到组织的创新支持、工作支持和社会支持时，会更加主动地进行创新活动。

国内学者在前人研究的基础上也验证了二者的关系。周文斌（2009）研究发现，在支持性的工作环境下，员工从事复杂性、挑战性的工作比控制性的工作所具备的创新性更强。陈浩（2011）研究表明，在工作要求压力下，感知到较高组织支持的员工比低组织支持感的员工更容易产生创新性行为。连智华（2016）、顾远东等（2014）指出，当员工感知到主管支持的行为越多，越可能觉得自己有责任关心组织的发展，并帮助组织实现目标，此种责任感会增强员工的创新行为。

综上所述，本书提出组织支持感的工具性支持感维度和情感性支持感维度，分别对应员工创新行为的研究假设，如图3-4所示。据此，提出H4：

H4：组织支持感对员工创新行为产生正向影响。

H4a：工具性支持感对员工创新行为产生正向影响。

H4b：情感性支持感对员工创新行为产生正向影响。

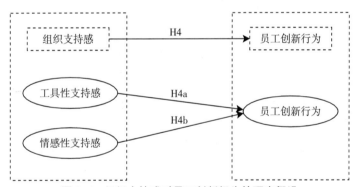

**图 3-4 组织支持感对员工创新行为的研究假设**

## 四、组织支持感的中介作用

尽管相关研究表明，组织创新氛围有助于激发员工产生创新行为，但关于二者间的作用机制却较少研究。因此，为了进一步探讨二者间的作用路径，如图3-5所示，本书将组织支持感作为中介变量引入二者的关系研究中，分析组织支持感所发挥的中介作用。

**图 3-5　组织支持感在组织创新氛围与员工创新行为之间的中介作用假设**

Witt 和 Caresonn（2006）研究表明，组织支持感在工作家庭冲突与工作绩效的关系中起中介作用。Kinnunen 等（2008）研究发现，上级的组织支持感在努力—报酬不平衡、离职意愿关系研究中也发挥中介作用。宋利等（2006）研究发现，组织支持感变量在人力资源实践与组织承诺关系中的中介效应显著。袁少锋等（2007）认为，组织支持在良性压力源与积极压力反应间发挥中介作用。

通过文献回顾发现，很多学者从社会认知理论的角度出发，将个体行为看作环境与个体交互作用的产物。据此，提出 H5：

H5：组织支持感在组织创新氛围与员工创新行为之间起中介作用。

H5a：工具性支持感在组织创新氛围与员工创新行为之间起中介作用。

H5b：情感性支持感在组织创新氛围与员工创新行为之间起中介作用。

综上所述，本书研究假设小结如表 3-1 所示。

**表 3-1　研究假设小结**

| 假设编号 | 假设内容 |
| --- | --- |
| H1 | 组织创新氛围对员工创新行为产生正向影响 |
| H1a | 同事支持对员工创新行为产生正向影响 |
| H1b | 主管支持对员工创新行为产生正向影响 |
| H1c | 资源供应对员工创新行为产生正向影响 |
| H1d | 任务特征对员工创新行为产生正向影响 |
| H1e | 组织理念对员工创新行为产生正向影响 |
| H2 | 组织创新氛围对工具性支持感产生正向影响 |
| H2a | 同事支持对工具性支持感产生正向影响 |
| H2b | 主管支持对工具性支持感产生正向影响 |
| H2c | 资源供应对工具性支持感产生正向影响 |

续表

| 假设编号 | 假设内容 |
|---|---|
| H2d | 任务特征对工具性支持感产生正向影响 |
| H2c | 组织理念对工具性支持感产生正向影响 |
| H3 | 组织创新氛围对情感性支持感产生正向影响 |
| H3a | 同事支持对情感性支持感产生正向影响 |
| H3b | 主管支持对情感性支持感产生正向影响 |
| H3c | 资源供应对情感性支持感产生正向影响 |
| H3d | 任务特征对情感性支持感产生正向影响 |
| H3c | 组织理念对情感性支持感产生正向影响 |
| H4 | 组织支持感对员工创新行为产生正向影响 |
| H4a | 工具性支持感对员工创新行为产生正向影响 |
| H4b | 情感性支持感对员工创新行为产生正向影响 |
| H5 | 组织支持感在组织创新氛围与员工创新行为之间起中介作用 |
| H5a | 工具性支持感在组织创新氛围与员工创新行为之间起中介作用 |
| H5b | 情感性支持感在组织创新氛围与员工创新行为之间起中介作用 |

# 第四章

# 组织创新氛围对员工创新行为影响的研究设计

## 第一节　研究步骤

　　首先，在总结梳理国内外研究的基础上提出研究的主要内容。其次，对组织创新氛围、员工创新行为、组织支持感变量进行概念界定，分析变量间的相互作用并提出假设。再次，运用 SPSS 17.0 与 AMOS 21.0 统计软件对问卷回收的数据进行整理与分析。最后，根据分析结果得出研究结论。

## 第二节　相关变量的界定

### 一、组织创新氛围

　　根据前文研究可知，组织创新氛围是组织成员与组织环境相互作用的结果。本书应用最具影响力的 Amabile、Coon 等（1996）提出的概念：组织成员对影响自身创新行为的工作环境因素的知觉。

## 二、员工创新行为

本书将员工创新行为视为一种结果，主要借鉴 West 和 Farr（1989）的员工创新行为的定义：员工在组织中创造、引进并应用有益的新事物的活动。

## 三、组织支持感

组织支持感是基于社会交换理论的互惠原则所提出的，本书主要借鉴凌文栓等（2006）对组织支持感的界定：员工对组织为员工工作开展所提供的工具性支持和满足员工的社会与心理需要的情感性支持的感知。

# 第三节　问卷量表设计

为了确保研究问卷测量相关变量的可信及可靠性，保证研究成果的有效性，本书要通过借鉴国内外已有的成熟量表设计问卷，以确保问卷的质量与合理性。本书的调查问卷包括 4 个部分，共 46 个题项，其中包括被试者基本信息 10 个题项，组织创新氛围 20 个题项，组织支持感 10 个题项，员工创新氛围 6 个题项。

## 一、被试者基本信息

本部分包括被调查对象的性别、年龄、受教育程度、婚姻状况、所在企业性质、企业所属行业、岗位性质、职务、工作年限以及年薪等信息，具体测量题目及选项参见附录。

## 二、组织创新氛围量表

Ambilea 的 KEYS 量表在国内外被广泛应用。而刘云与石金涛（2009）在中国文化背景下提出了从个人层面对组织创新氛围进行测量的量表，经验证具有良好的信效度。因此，考虑到量表跨文化背景使用的问题，本书采用刘云与石金涛（2009）编制的量表，共 20 个测量题项。具体内容如表 4-1 所示。

表 4-1　组织创新氛围量表

| 编号 | 题项 | 维度 |
|---|---|---|
| TS1 | 我的同事们在工作中相互支持和协助 | 同事支持 |
| TS2 | 我的同事们愿意分享工作方法和技术 | |
| TS3 | 我的同事们经常就工作问题进行交流和讨论 | |
| TS4 | 当我有新创意时，我的同事们积极发表建议和意见 | |
| SS1 | 我的主管尊重和容忍下属提出不同的意见与异议 | 主管支持 |
| SS2 | 我的主管鼓励下属提案以改善生产和服务 | |
| SS3 | 我的主管支持和协助下属实现工作上的创意 | |
| SS4 | 我的主管是一个很好的创新典范 | |
| OV1 | 公司倡导进行新的尝试，鼓励从错误中学习 | 资源供应 |
| OV2 | 公司赏识和认可有创新和进取精神的员工 | |
| OV3 | 公司经常奖励员工的创新构想 | |
| OV4 | 公司主张崇尚自由与创新变革 | |
| RS1 | 我有空余时间去开发创意或寻找新方法 | 任务特征 |
| RS2 | 我可以获得设备、器材来验证新想法 | |
| RS3 | 我可以获取充分的信息、资料来进行创造性工作 | |
| RS4 | 我有充足的时间去实现自己的新想法 | |
| TC1 | 工作中，我可以用自己喜欢的方式去完成任务 | 组织理念 |
| TC2 | 我的工作十分具有挑战性 | |
| TC3 | 我可以自己决定工作中的大部分事情 | |
| TC4 | 我能充分发挥聪明才智安排工作 | |

## 三、组织支持感量表

组织支持感是员工对组织所提供的工具性支持与情感性支持的感知，而该量表的主要目的在于测量员工对所在企业各方面支持的感知水平。因此，本书采用陈志霞（2008）的组织支持感测量量表，共 10 个测量题项。具体内容如表 4-2 所示。

表 4-2　组织支持感量表

| 编号 | 题项 | 维度 |
|---|---|---|
| WS1 | 在工作中，组织会充分调动员工的积极性 | 工具性支持感 |
| WS2 | 组织给员工提供合适的工作岗位 | |
| WS3 | 组织重视员工的目标价值 | |
| WS4 | 组织重视员工的建议 | |
| WS5 | 在工作方面出现问题时，组织给予帮助 | |
| WS6 | 组织在决策时会考虑员工的利益 | |
| ES1 | 组织关心员工的生活是否幸福 | 情感性支持感 |
| ES2 | 组织为员工及其家人提供医疗和健康服务 | |
| ES3 | 员工在生活方面出现问题时，组织给予帮助 | |
| ES4 | 组织为员工家属解决就业或求学问题 | |

## 四、员工创新行为量表

目前，关于员工创新行为的测量主要有单维度与多维度之分，多维度量表认为员工的创新行为是一个过程，即从创新构想的产生到创新行为的执行，最具代表性的是 Kleysen 和 Street（2001）编制的五维度量表，经验证构念效度并不理想。单维度量表认为，员工的创新行为是一种结果，Scott 和 Bruce（1994）的测量量表得到大家一致推崇，经验证其信度与效度均较高。因此，本书采用 Scott 和 Bruce（1994）员工创新行为测量量表，共 6 个测量题项。具体内容如表 4-3 所示。

表 4-3 员工创新行为量表

| 编号 | 题项 |
|------|------|
| EI1 | 在工作中我会主动寻求应用新技术、新流程或新方法 |
| EI2 | 我经常会产生一些有创意的点子或想法 |
| EI3 | 我会与别人沟通自己的想法 |
| EI4 | 为了实现自己的构想或创意，我会想办法争取所需要的资源 |
| EI5 | 我会积极地为落实创新性构想制定适当的计划和规划 |
| EI6 | 整体而言，我是一个有创新和创造性的人 |

本书所涉及的测量量表，均采用 7 分度李克特量表进行题项的计分。从"1"到"7"分别表示非常不符、不符合、基本不符、不确定、基本符合、符合、非常符合。

# 第四节 问卷发放

本书的抽样方法采取分层多阶段 PPS 抽样方法。第一阶段抽取区域，第二阶段抽取城市，第三阶段抽取企业，最后在调查企业内随机抽取员工进行问卷的发放。

第一阶段，区域的抽取主要依据中国科学技术发展战略研究院发表的《中国区域科技创新评价报告 2016~2017》，该报告指出，我国综合科技创新水平指数比 2015 年提高 1.08 分。根据该指数，可将我国 31 个地区科技创新水平分三类，如表 4-4 所示。由表 4-4 可知，第 I 类地区的综合科技创新水平指数高于全国平均水平，尤其北京市、上海市的科技创新中心建设成效显著，排名前两位。一方面，它们分别形成了以北京市为中心的京津地区和以上海市为中心的长三角地区的人力资本、研发机构集聚地，它们的创新投入强度、知识规模、技术成果扩大的溢出效应均遥遥领先其他地区；另一方面，上海市、江苏省、浙江省均属第 Ⅰ 类，显然以上海市为龙头的长三角地区最具有重要影响力。

表 4-4　我国 31 个地区综合科技创新水平指数分类

| 种类 | 划分标准 | 地区 |
|------|----------|------|
| 第 Ⅰ 类 | 综合科技创新水平指数高于全国平均水平（67.57 分） | 北京市、上海市、天津市、广东省、江苏省、浙江省 |
| 第 Ⅱ 类 | 综合科技创新水平指数低于全国平均水平（67.57 分）但高于 50 分 | 湖北省、重庆市、陕西省、山东省、四川省、福建省、辽宁省、黑龙江省、安徽省、湖南省、山西省、甘肃省、吉林省、江西省、河南省、宁夏回族自治区、内蒙古自治区 |
| 第 Ⅲ 类 | 综合科技创新水平指数低于 50 分 | 河北省、广西壮族自治区、海南省、青海省、云南省、贵州省、新疆维吾尔自治区、西藏自治区 |

资料来源：http://wemedia.ifeng.com/28432471/wemedia.shtml.

第二阶段，城市的抽取主要依据国内学者叶依广等（2004）发表的《长江三角洲各城市综合实力的主成分分析》，该文建立了各项衡量指标，包括反映社会、经济整体水平及经济结构、经济发展速度、基础设施状况、城市开放程度 5 个层次，16 个方面，共 34 个指标，运用 SPSS 10.0 统计软件对长江三角洲地区的 15 个城市进行了主成分提取，确定其权重，并计算各城市主成分得分与综合得分（排名次序由高到低：上海、南京、杭州、苏州、无锡、宁波、镇江、绍兴、常州、南通、扬州、泰州、舟山、嘉兴、湖州），研究发现，镇江及其之后的城市综合实力较弱，经济发展速度、整体发展水平、居民生活水平、市区聚集度均有待提高。最终得出"一个核心，两个圈层"的结论。即以上海市为核心，以南京市、杭州市、苏州市为第一圈层，以无锡市和宁波市为第二圈层。他们指出，这些城市的经济发展速度、创新水平等远高于其他地区。因此，本研究以长江三角洲为例，选取上海市、南京市、杭州市、苏州市、无锡市、宁波市六个城市进行调研。

第三阶段，企业的抽取主要依据《财富》2017 年世界 500 强的排行榜，选取位于上海市、南京市、杭州市、苏州市、无锡市、宁波市的 14 家企业，这些企业涵盖了纺织、金融、医药、交通运输、电子通信、信息技术等行业。这些行业的持续发展为我国实现到 2025 年迈入制造强国行列的战略目标提供了有力的保障。

制造业是国民经济的主体，是立国之本、兴国之器、强国之基。改革开放以来，我国制造业飞速发展，建成了门类齐全、独立完整的产业体系，综合国力显著增强，但与世界先进水平相比，我国制造业仍存在大而不强的棘手问题，尤其在自主创新能力方面差距显著。此外，《中国制造 2025》也提出了坚持"创新驱动、质量为先、绿色发展、结构优化和人才为本"的基本方针，力争到 2035 年实现制造业整体素质大幅提升，创新能力显著增强的新成绩。因此，纺织、金融、医药、交通运输、电子通信、信息技术等行业不仅作为制造业的领军行业，也作为《中国制造 2025》的重点领域，是推动我国提升创新引领能力、增强竞争优势、全面实现工业化的重要突破口。因此，该阶段将抽选涵盖纺织、金融、医药、交通运输、电子通信、信息技术等行业的企业。

最后分别采用实地调研和发放电子邮件的方式对这些企业的员工进行调研，这些调研的对象既有普通员工，也有部门经理、主管等。在实际调查中发现，一个企业的兴旺发达离不开富有创新精神的全体员工的共同努力，因此，该阶段将随机抽取企业员工进行发放。如表 4-5 所示。

**表 4-5　问卷发放方式与回收统计**

| 发放方式 | 总计 | 回收 | 有效回收 | 有效回收率（%） |
|---|---|---|---|---|
| 实地发放 | 100 | 99 | 97 | 97 |
| 电子邮件发放 | 140 | 134 | 133 | 95 |
| 合计 | 240 | 233 | 230 | 95.83 |

### （一）实地调研

实地调研有助于调查对象对问卷的理解更加准确，因此，为了确保问卷的填写质量，该部分借助暑期社会实践与就业质量跟踪调查的机会共发放 100 份问卷，剔除 3 份无效问卷，最后有效回收 97 份。

## （二）电子邮件

为了丰富样本来源，除了采用实地调研的方式之外，还在导师和朋友的帮助下，以电子邮件的方式向调查对象共发放 140 份问卷，回收 134 份，1 份无效问卷。

# |第五章|
# 实证分析与讨论

## 第一节　样本描述性统计与检验

### 一、样本描述性统计

描述性统计分析是对样本基本信息的描述，主要对被调查者的性别、年龄、婚姻状况、受教育程度等情况的频数以及所占总体的百分比进行统计。

本书共发放 240 份问卷，回收 233 份，剔除 1 份 2 个（含 2 个）以上题项未作答的问卷，以及 2 份连续多个甚至全部题项选择同样答案的问卷，最终有效回收 230 份，有效问卷率 95.83%。具体如表 5-1 所示。

表 5-1　样本的基本资料统计（N=230）

| 基本资料 | 指标分类 | 样本量（人） | 百分比（%） | 累计百分比（%） |
|---|---|---|---|---|
| 性别 | 男 | 106 | 46.1 | 46.1 |
| | 女 | 124 | 53.9 | 100.0 |
| 年龄 | 25 岁（含）以下 | 36 | 15.7 | 15.7 |
| | 25~35 岁 | 132 | 57.4 | 73.0 |
| | 35~45 岁 | 52 | 22.6 | 95.7 |
| | 45 岁以上 | 10 | 4.3 | 100.0 |

续表

| 基本资料 | 指标分类 | 样本量（人） | 百分比（%） | 累计百分比（%） |
|---|---|---|---|---|
| 受教育程度 | 大专及以下 | 54 | 23.5 | 23.5 |
| | 本科 | 134 | 58.3 | 81.7 |
| | 硕士 | 37 | 16.1 | 97.8 |
| | 博士及以上 | 5 | 2.2 | 100.0 |
| 婚姻 | 已婚 | 114 | 49.6 | 49.6 |
| | 未婚（含离异、丧偶） | 116 | 50.4 | 100.0 |
| 企业性质 | 国有 | 53 | 23.0 | 23.0 |
| | 私营 | 85 | 37.0 | 60.0 |
| | 合资 | 39 | 17.0 | 77.0 |
| | 外资 | 24 | 10.4 | 87.4 |
| | 其他 | 29 | 12.6 | 100.0 |
| 所属行业 | 纺织业、化学纤维制造业 | 40 | 17.4 | 17.4 |
| | 通信设备、计算机及其他电子设备制造业 | 38 | 16.5 | 33.9 |
| | 金融、保险业 | 45 | 19.6 | 53.5 |
| | 信息传输、计算机服务和软件业 | 19 | 8.3 | 61.7 |
| | 医药制造业 | 23 | 10.0 | 71.7 |
| | 交通运输专用设备制造业 | 13 | 5.7 | 77.4 |
| | 服务业 | 22 | 9.6 | 87.0 |
| | 其他 | 30 | 13.0 | 100.0 |
| 岗位性质 | 生产 | 31 | 13.5 | 13.5 |
| | 技术 | 57 | 24.8 | 38.3 |
| | 研发 | 43 | 18.7 | 57.0 |
| | 管理 | 60 | 26.1 | 83.0 |
| | 其他 | 39 | 17.0 | 100.0 |
| 职务 | 普通员工 | 98 | 42.6 | 42.6 |
| | 主管 | 62 | 27.0 | 69.6 |
| | 部门经理 | 56 | 24.3 | 93.9 |
| | 总经理 | 14 | 6.1 | 100.0 |

| 基本资料 | 指标分类 | 样本量（人） | 百分比（%） | 累计百分比（%） |
|---|---|---|---|---|
| 工作年限 | 1 年（含）以下 | 33 | 14.3 | 14.3 |
| | 1~5 年 | 104 | 45.2 | 59.6 |
| | 5~10 年 | 64 | 27.8 | 87.4 |
| | 10 年以上 | 29 | 12.6 | 100.0 |
| 年薪（元） | 6 万以下 | 91 | 39.6 | 39.6 |
| | 6 万~8 万 | 54 | 23.5 | 63.0 |
| | 8 万~10 万 | 52 | 22.6 | 85.7 |
| | 10 万~12 万 | 17 | 7.4 | 93.0 |
| | 12 万以上 | 16 | 7.0 | 100.0 |

## 二、样本信度检验

所谓信度分析，是指采用同样的方法对某一事物进行多次测量，判断其结果是否存在一致性的分析。它是测度综合评价体系的可能性和稳定性的有效方法。量表的信度越大，说明量表的结果有效性越高。

通常情况下，Cronbach's Alapa 系数是测量内部一致性最常用的方法，Cronbach's Alapa 系数越大，表明变量中的内部一致性越高，稳定性与可靠性越好。Cronbach's Alapa 的临界值介于 0~1，不同的方法论学者对其看法不同。Nunnally（1978）认为，Cronbach's Alapa 系数大于 0.7，表明被测量表的信度是较高的，等于 0.7 是一个较低但可接受的量表边界值，大于 0.65（小于 0.7）表明被测量表的信度是可接受的；大于 0.6（小于 0.65）表明被测量表的设计存在一定的问题，但依然具有一定的参考价值；小于 0.6 说明被测量表的设计不理想，需重新编制或修订。根据以上标准，本书通过 SPSS 17.0 对组织创新氛围变量进行了信度检验，结果如表 5-2 所示。

表 5-2    组织创新氛围量表的 Alapa 系数

| | 变量 | 项目数 | Cronbach's Alapa 系数 |
|---|---|---|---|
| | 总体信度系数 | 20 | 0.929 |
| | 同事支持 | 4 | 0.841 |
| 组织创新氛围 | 主管支持 | 4 | 0.811 |
| | 资源供应 | 4 | 0.763 |
| | 任务特征 | 4 | 0.730 |
| | 组织理念 | 4 | 0.743 |
| 员工创新行为 | 总体信度系数 | 6 | 0.808 |
| | 总体信度系数 | 10 | 0.849 |
| 组织支持感 | 工具性支持感 | 6 | 0.789 |
| | 情感性支持感 | 4 | 0.757 |

由表 5-2 可以明显看出，各个量表的 Cronbach's Alapa 系数分别为 0.929、0.808、0.849，均大于 0.7，说明量表具有很好的信度水平。

## 三、样本效度检验

效度主要用于检验测量量表能够对被测事物进行有效测量的程度，效度越高表明测量的准确性越高。包括表面效度、内容效度、效标关联效度、建构效度。其中，建构效度是指测量方式能够测量到理论的概念或特质的程度，包含 KMO 和 Bartlett 球形检验、探索性因子分析（Expo Factor Analysis，EFA）、验证性因子分析（Confirmatory Factor Analysis，CFA）。

KMO 和 Bartlett 球形检验是判断量表能否进行因子分析的前提和基础，KMO 指标值介于 0~1 间，KMO 值越大，表示变量间的共同因素越少，适合进行因子分析。Kaiser（1974）认为，KMO 值至少要在 0.6 以上才能进行因子分析，0.8 以上说明量表非常适合进行因子分析。而 Bartlett 球形检验的显著性水平只要小于 0.05，就可以进行因子分析。由表 5-3 可知，KMO 值为 0.920，大于 0.9，Bartlett 球形检验统计量为 1254.164，相应的显著性概率为 0.000，因此各变量间的共同因素较少，适宜做因子分析。

**表 5-3　KMO 和 Bartlett 球形检验**

| 指标选择 | 统计量 | |
|---|---|---|
| KMO 值 | 0.920 | |
| Bartlett 球形检验 | 近似卡方 | 1254.164 |
| | df | 28 |
| | Sig. | 0.000 |

探索性因子分析主要用于未知因子结构的测量量表，相反，验证性因子分析则是在已知量表因子结构的情况下进行的检验。由第二章的内容可知，本书的测量量表均借鉴国内外已有研究的成熟量表。因此，为了评估该量表在本书中的结构效度，采用 AMOS 21.0 进行验证性因子分析。国内学者侯杰泰等（2004）曾提出评估量表结构的 5 个指标。具体判断标准如表 5-4 所示。

**表 5-4　验证性因子分析指标值的判断准则**

| 指标选择 | 临界值 | 判断说明 |
|---|---|---|
| 卡方与自由度之比（CMIN/df） | <3 | 模型拟合理想 |
| | <5 | 模型拟合尚可接受 |
| | >5 | 模型的拟合不好 |
| | >10 | 数据与模型拟合很差 |
| 渐进残差均方和平方根（RMSEA） | <0.1 | 模型拟合尚可接受 |
| | <0.08 | 拟合理想 |
| | <0.05 | 拟合结果非常理想 |
| 规准适配指数（NFI） | 0~1 之间 | 越接近 1，模型拟合程度越好 |
| 增值适配指数（IF1） | 0~1 之间 | 越接近 1，模型拟合程度越好 |
| 比较适配指数（CFI） | 0~1 之间 | 越接近 1，模型拟合程度越好 |

综上所述，分别对组织创新氛围量表、员工创新行为量表、组织支持感量表以及本研究的概念模型进行以下分析：

**（一）组织创新氛围量表的验证性因子分析**

本部分运用 AMOS 21.0 软件对组织创新氛围的五个维度进行验证性因子

分析。分析结果如图 5-1 所示。

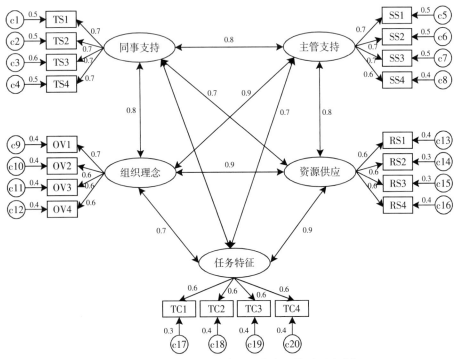

**图 5-1　组织创新氛围量表的结构方程模型影响路径**

国内学者吴明隆（2009）指出，潜在变量与测量变量间的因素负荷值介于 0.5~0.95 间，表示所构建的模型适配程度较好。由图 5-1 可知，组织创新氛围的五个维度与各测量题项之间的因素标准化负荷值均落在 0.5~0.95 间。量表的拟合指数如表 5-5 所示。

**表 5-5　组织创新氛围量表的模型拟合指数（N=230）**

| 模型 | 拟合指数 | | | | |
| --- | --- | --- | --- | --- | --- |
| | CMIN/df | RMSEA | NFI | IFI | CFI |
| 组织创新氛围 | 1.408 | 0.042 | 0.984 | 0.967 | 0.966 |

由表 5-5 可知，组织创新氛围模型的各拟合指数均达到了理想水平，其中 CMIN/df=1.048，远小于 3；RMSEA=0.042，小于 0.05；NFI=0.984，IFI=

0.967，CFI=0.966，均大于 0.95，说明测量模型的适配效果理想。

### （二）员工创新行为量表的验证性因子分析

本部分运用 AMOS 21.0 软件对员工创新行为测量量表进行验证性因子分析。结果如图 5-2 所示，量表的拟合指数如表 5-6 所示。

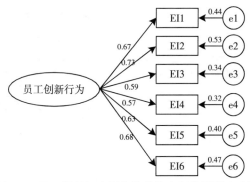

**图 5-2　员工创新行为量表的结构方程模型影响路径**

**表 5-6　员工创新行为量表的模型拟合指数（N=230）**

| 模型 | 拟合指数 | | | | |
| --- | --- | --- | --- | --- | --- |
| | CMIN/df | RMSEA | NFI | IFI | CFI |
| 组织创新氛围 | 2.814 | 0.089 | 0.935 | 0.957 | 0.956 |

由图 5-2 可知，各个测量题项的标准化因子负荷值均大于 0.50，说明数据与模型的拟合度良好。由表 5-6 可知，员工创新行为的验证性因子分析的拟合效果理想，各拟合指数均在最佳的参考值范围以内，其中 CMIN/df=2.814，小于 3；RMSEA=0.089，小于 0.10；NFI=0.935，大于 0.90；IFI=0.957，CFI=0.956，均大于 0.95，说明测量模型的适配效果理想。

### （三）组织支持感量表的验证性因子分析

本部分运用 AMOS 21.0 软件对组织支持感的工具性支持感维度、情感性支持感维度进行验证性因子分析。结果如图 5-3 所示，量表的拟合指数如表 5-7 所示。

表 5-7　组织支持感量表的模型拟合指数（N=230）

| 模型 | 拟合指数 | | | | |
|---|---|---|---|---|---|
| | CMIN/df | RMSEA | NFI | IFI | CFI |
| 组织创新氛围 | 2.668 | 0.085 | 0.924 | 0.917 | 0.916 |

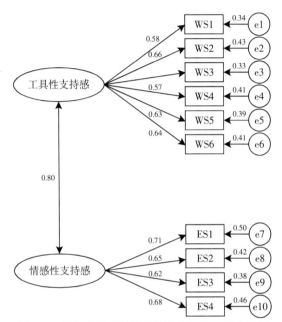

图 5-3　组织支持感量表的结构方程模型影响路径

如图 5-3 所示，组织支持感量表的标准化因子负荷值均大于 0.50，说明数据与模型的拟合度良好。由表 5-7 可知，员工创新行为的验证性因子分析的拟合效果理想，各拟合指数均在最佳的参考值范围以内，其中 CMIN/df=2.668，小于 3；RMSEA=0.085，小于 0.10；NFI=0.924，IFI=0.917，CFI=0.916，均大于 0.90，说明测量模型的适配效果理想。

（四）概念模型的验证性因子分析

本部分运用 AMOS 21.0 软件对第三章所提出的概念模型进行验证性因子分析。结果如图 5-4 所示，拟合指数如表 5-8 所示。

表 5-8 概念模型的拟合指数（N=230）

| 模型 | 拟合指数 | | | | |
|---|---|---|---|---|---|
| | CMIN/df | RMSEA | NFI | IFI | CFI |
| 组织创新氛围 | 1.993 | 0.060 | 0.708 | 0.834 | 0.832 |

由图 5-4、表 5-8 可知，本书的概念模型拟合效果理想，各拟合指数均在最佳的参考值范围以内，其中 CMIN/df=1.933，小于 3 ; RMSEA=0.060，

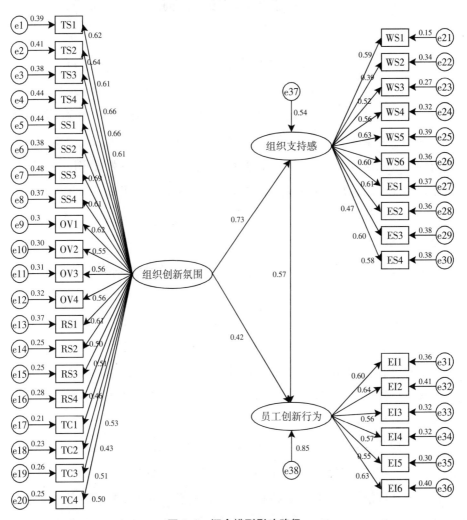

图 5-4 概念模型影响路径

小于 0.08 ；NFI=0.708，IFI=0.834，CFI=0.832，趋近于 1，说明概念模型的适配效果理想。

# 第二节 人口统计学变量对组织支持感、创新行为的影响

文献研究显示，员工的背景变量与员工创新产生之间具有关联关系，并对创新行为产生影响（Mumford 和 Gustafson，1988）。Benston（1992）和 Khan（1994）实证研究发现，男性和女性在创新行为的表现上存在显著差异。Mumford 等（1988）研究表明，员工年龄和教育程度可以显著地预测创新行为；Scott 和 Bruce（1994）的研究结论证实了年龄、教育程度与员工的创新行为间的确存在相关关系。而 Tsai 等（2002）研究发现，员工所在企业的行业类别、职务级别、教育程度、性别、工资水平、年龄都对创新行为产生重要影响。

本节运用 SPSS19.0 对变量进行方差分析与均数显著性检验，比较人口变量在组织支持感、组织创新氛围、员工服务创新行为等变量上的差异性，目的是在相关分析的基础上对人口学变量与组织支持感、组织创新氛围、员工服务创新行为之间的关系做进一步说明。

**（一）员工性别在研究变量上的比较**

表 5-9 展现了性别对组织支持感、组织创新氛围、员工服务创新行为等变量的独立样本检验。

从检验结果可知，方差齐性检验的显著性概率均大于 0.1，因此认为组织支持感、组织创新氛围、员工服务创新行为等变量在员工性别上具有方差齐性，根据邱浩正（2009）的观点，可以进行独立样本 T 检验。另外，性别对组织支持感、组织创新氛围、员工服务创新行为等变量的影响作用是明显

表 5-9 性别的独立样本 T 检验

| 变量 | 方差齐性检验 | | | 均值差异检验 | | | | | 是否存在差异 |
|------|------|------|--------|------|------|--------|--------|--------|------|
| | F 值 | P 值 | 是否齐性 | T 值 | P 值 | 差值的 95% 置信区间 | | 均值差 | |
| | | | | | | 低点 | 高点 | | |
| 组织支持感 | 2.663 | 0.103 | 是 | −2.248 | 0.025 | −0.282 | −0.018 | −1.5028 | 是 |
| 组织创新氛围 | 3.540 | 0.160 | 是 | 1.882 | 0.050 | 0.084 | −0.006 | 0.1581 | 是 |
| 员工服务创新行为 | 0.35 | 0.851 | 是 | −3.580 | 0.000 | 0.069 | −0.384 | −0.2485 | 是 |

注：方差齐性检验和均值差异检验的显著性水平均为 0.05。

的，概率值都小于 0.05。从均值差异的方向上而言，男性员工要比女性员工对组织支持感、员工服务创新行为影响更大。这可能说明了在组织内部，男性员工的事业心、冒险精神比女性更加突出。但是，女性员工比男性员工对组织创新氛围的影响更大，说明女性员工对"家庭、组织"的概念比男性员工更强烈，女性更重视家庭和组织。

**（二）员工年龄的方差分析**

表 5-10 是员工年龄对组织支持感、组织创新氛围、员工服务创新行为的方差齐性检验，从表中可以看出，组织支持感、员工服务创新行为在年龄这个控制变量下，具有方差齐性，从而可以对其进行方差分析，探讨员工年龄对组织支持感、员工服务创新行为的影响是否存在显著性差异。而员工组织创新氛围在年龄这个控制变量下，不具有方差齐性，根据以往学者们的观点，方差齐性是进行方差分析的必备前提，如果想要继续做方差分析，必须将方差不齐的变量通过 box-cox 变换，转换为方差齐性的变量后才能进行方差分析。随着统计技术的发展，产生了新的观点，方差齐性是方差分析的前提，是在最小二乘估计下的假定。但是，在广义最小二乘估计框架下，并不要求检验变量的方差齐性。而且，在 SPSS 统计软件中是用广义最小二乘估计解决方差分析计算问题。在进一步分析时，选择多重比较方法，还需有所取舍。在 SPSS 中，多重比较方法分为两大类：一类是方差齐性下的 LSD，

S-N-K 等方法，另一类是方差不齐性下的 Tamhanes's. T2，Dunnett. T3 等方法。因此，本书对具有方差齐性的组织支持感、员工服务创新行为运用 LSD 方法进行方差分析，对方差不齐的组织创新氛围运用 Tamhanes's. T2 方法进行方差分析。

表 5-10　年龄的方差齐性检验

| 变量 | Levene Statistic | P 值 | 是否齐性 |
|---|---|---|---|
| 组织支持感 | 1.286 | 0.269 | 是 |
| 组织创新氛围 | 7.448 | 0.000 | 否 |
| 员工服务创新行为 | 1.192 | 0.312 | 是 |

注：方差齐性检验的显著性水平为 0.05。

从表 5-11 中可以看出，员工的不同年龄水平对组织支持感、员工服务创新行为的影响存在着显著差异，因此，本书将对其进行两两多重比较分析。

表 5-11　年龄的方差分析（LSD 方法）

| 自变量 | 分组 | Sum of Squares | df | Mean Squares | F 值 | P 值 |
|---|---|---|---|---|---|---|
| 组织支持感 | 组间 | 7.050 | 5 | 1.410 | | |
| | 组内 | 304.880 | 522 | 0.584 | 2.414 | 0.035 |
| | 总体 | 311.930 | 527 | | | |
| 员工服务创新行为 | 组间 | 11.064 | 5 | 2.213 | | |
| | 组内 | 330.369 | 522 | 0.633 | 3.496 | 0.004 |
| | 总体 | 341.433 | 527 | | | |

注：方差分析的显著性水平为 0.05。

表 5-12 是对不同年龄阶段员工的组织支持感、员工服务创新行为进行比较的结果。其中 1 代表 25 岁以下，2 代表 26~30 岁，3 代表 31~35 岁，4 代表 36~40 岁，5 代表 41~45 岁，6 代表 46~50 岁，从表中可以看出，在置信度为 95%的情况下，25 岁以下以及 26~30 岁员工的组织支持感、员工服务创新行为都比 31~35 岁员工的高。这可能说明，年轻员工的事业心更强，成功的欲望更强，他们想要成就一番事业，单靠自己的力量远远是不够的，

表 5-12 年龄两两多重比较（LSD 方法）

| 变量 | （I）年龄 | （J）年龄 | 均值差（I-J） | 标准误 | P 值 |
|------|---------|---------|------------|-------|------|
| 组织支持感 | 1 | 2 | 0.06264 | 0.08670 | 0.470 |
| | | 3 | 0.35142(*) | 0.11716 | 0.003 |
| | | 4 | 0.24977 | 0.18314 | 0.173 |
| | | 5 | −0.17484 | 0.38954 | 0.654 |
| | | 6 | −0.21650 | 0.54567 | 0.692 |
| | 2 | 3 | 0.28878(*) | 0.09896 | 0.004 |
| | | 4 | 0.18713 | 0.17206 | 0.277 |
| | | 5 | −0.23747 | 0.38446 | 0.537 |
| | | 6 | −0.27914 | 0.54205 | 0.607 |
| | 3 | 4 | −0.10165 | 0.18924 | 0.591 |
| | | 5 | −0.52626 | 0.39245 | 0.181 |
| | | 6 | −0.56792 | 0.54775 | 0.300 |
| | 4 | 5 | −0.42460 | 0.41693 | 0.309 |
| | | 6 | −0.46627 | 0.56555 | 0.410 |
| | 5 | 6 | −0.04167 | 0.66185 | 0.950 |
| 员工服务创新行为 | 1 | 2 | −0.13202 | 0.09026 | 0.144 |
| | | 3 | 0.28708(*) | 0.12196 | 0.019 |
| | | 4 | −0.05434 | 0.19064 | 0.776 |
| | | 5 | 0.09804 | 0.40550 | 0.809 |
| | | 6 | −0.40196 | 0.56802 | 0.479 |
| | 2 | 3 | 0.419(*) | 0.10301 | 0.000 |
| | | 4 | 0.07768 | 0.17911 | 0.665 |
| | | 5 | 0.23006 | 0.40020 | 0.566 |
| | | 6 | −0.26994 | 0.56426 | 0.633 |
| | 3 | 4 | −0.34142 | 0.19700 | 0.084 |
| | | 5 | −0.18904 | 0.40852 | 0.644 |
| | | 6 | −0.68904 | 0.57019 | 0.227 |
| | 4 | 5 | 0.15238 | 0.43400 | 0.726 |
| | | 6 | −0.34762 | 0.58871 | 0.555 |
| | 5 | 6 | −0.50000 | 0.68896 | 0.468 |

注：（*）表示均值差异检验的显著性水平为 0.05。

特别是在竞争日益激烈的环境下，不仅要求团队合作，而且要求员工不断地表现出创新行为，才能处于不败之地。年轻员工由于受到各方面资源的限制，他们的成功更多地要依赖于组织，因此他们表现出来的组织支持感、员工服务创新行为比其他年龄段的员工要高。

表 5–13　年龄的方差分析（Tamhanes's. T2 方法）

| 自变量 | 分组 | Sum of Squares | df | Mean Squares | F 值 | P 值 |
|---|---|---|---|---|---|---|
| 组织创新氛围 | 组间 | 12.146 | 5 | 2.429 | | |
| | 组内 | 479.035 | 522 | 0.981 | 2.647 | 0.022 |
| | 总体 | 491.181 | 527 | | | |

注：均值差异检验的显著性水平为 0.05。

表 5–14　年龄两两多重比较（Tamhanes's. T2 方法）

| 变量 | （I）年龄 | （J）年龄 | 均值差（I–J） | 标准误 | P 值 |
|---|---|---|---|---|---|
| 组织创新氛围 | 1 | 2 | −0.00986 | 0.08960 | 1.000 |
| | | 3 | 0.45017 (*) | 0.11359 | 0.002 |
| | | 4 | 0.19672 | 0.18139 | 0.994 |
| | | 5 | −0.13386 | 0.51970 | 1.000 |
| | | 6 | −0.69155 | 0.13685 | 0.440 |
| | 2 | 3 | 0.46004 (*) | 0.10050 | 0.000 |
| | | 4 | 0.20659 | 0.17349 | 0.985 |
| | | 5 | −0.12400 | 0.51699 | 1.000 |
| | | 6 | −0.68169 | 0.12620 | 0.628 |
| | 3 | 4 | −0.25345 | 0.18701 | 0.953 |
| | | 5 | −0.58404 | 0.52169 | 0.998 |
| | | 6 | −1.14173 | 0.14422 | 0.122 |
| | 4 | 5 | −0.33059 | 0.54051 | 1.000 |
| | | 6 | −0.88828 | 0.20199 | 0.037 |
| | 5 | 6 | −0.55769 | 0.52724 | 0.999 |

注：（*）表示均值差异检验的显著性水平为 0.05。

从表 5-13 中可以看出，员工的不同年龄水平对组织创新氛围的影响存在着显著差异，因此，本书将对其进行两两多重比较分析，对不同年龄阶段员工的组织创新氛围进行比较。从表 5-14 中可以看出，在置信度为 95% 的情况下，25 岁以下以及 26~30 岁员工的组织创新氛围，都比 31~35 岁员工的高；年轻的员工刚进入组织，无论是从业务还是从工作环境上说，他们都不熟悉，从而需要得到组织认可才能更好地从事工作，以及适应工作环境，因此拥有较高的组织创新氛围。36~40 岁员工的组织创新氛围比 46~50 岁员工的低。31~35 岁及 36~40 岁员工的组织创新氛围都比 46~50 岁员工的低。这说明老员工在组织中的任职时间越长，对组织越有感情，从而有更高的组织认同感。

### （三）员工教育程度的方差分析

表 5-15 是员工教育程度对组织支持感、组织创新氛围、员工服务创新行为的方差齐性检验，从表中可以看出，组织支持感在员工教育程度控制变量下具有方差齐性，从而可以对其进行方差分析，探讨员工教育程度对组织支持感的影响是否存在显著差异。而员工组织创新氛围、员工服务创新行为在教育程度这个控制变量下，不具有方差齐性，因此运用 Tamhanes's. T2 方法进行方差分析。

**表 5-15　教育程度的方差齐性检验**

| 变量 | Levene Statistic | P 值 | 是否齐性 |
|---|---|---|---|
| 组织支持感 | 0.480 | 0.696 | 是 |
| 组织创新氛围 | 5.544 | 0.001 | 否 |
| 员工服务创新行为 | 7.200 | 0.000 | 否 |

注：方差齐性检验的显著性水平为 0.05。

从表 5-16 中可以看出，员工的不同教育程度对组织支持感的影响存在着显著性差异，因此，本研究将对其进行两两多重比较分析。

表 5-16 教育程度的方差分析（SD 方法）

| 自变量 | 分组 | Sum of Squares | df | Mean Squares | F 值 | P 值 |
|---|---|---|---|---|---|---|
| 组织支持感 | 组间 | 8.362 | 3 | 2.787 | 4.811 | 0.003 |
| | 组内 | 303.586 | 524 | 0.579 | | |
| | 总体 | 311.930 | 527 | | | |

注：方差分析的显著性水平为 0.05。

表 5-17 是不同教育程度员工组织支持感的两两多重比较，1 代表高中及以下，2 代表大专，3 代表本科，4 代表硕士及以上。从表中可以看出，在置信度为 95% 的情况下，高中及以下教育程度的员工比其学历高的员工表现出更低的组织支持感，可能是由于他们的教育程度相对较低，所从事工作的技术含量相对较低，从而只要组织稍加支持他们便能顺利地完成工作，从而表现出较低的组织支持感。具有本科学历员工的组织支持感比具有硕士及以上员工的高。

表 5-17 教育程度的方差分析（LSD 方法）

| 变量 | （I）教育程度 | （J）教育程度 | 均值差（I−J） | 标准误 | P 值 |
|---|---|---|---|---|---|
| 组织支持感 | 1 | 2 | −0.69872 (*) | 0.33378 | 0.037 |
| | | 3 | −0.85807 (*) | 0.31412 | 0.007 |
| | | 4 | −0.65936 (*) | 0.31516 | 0.037 |
| | 2 | 3 | −0.15935 | 0.13026 | 0.222 |
| | | 4 | 0.03936 | 0.13276 | 0.767 |
| | 3 | 4 | 0.19871 (*) | 0.06990 | 0.005 |

注：（*）表示均值差异检验的显著性水平为 0.05。

从表 5-18 中可以看出，员工的不同教育程度对组织创新氛围的影响没有显著差异，因此，没有必要作进一步分析；但对员工服务创新行为的影响存在着显著差异，因此，本书将对这个变量进行两两多重比较分析。

表 5-18 教育程度的方差分析（Tamhanes's. T2 方法）

| 自变量 | 分组 | Sum of Squares | df | Mean Squares | F 值 | P 值 |
|---|---|---|---|---|---|---|
| 组织创新氛围 | 组间 | 12.146 | 3 | 0.675 | | |
| | 组内 | 489.115 | 524 | 0.934 | 0.723 | 0.538 |
| | 总体 | 491.181 | 527 | | | |
| 员工服务创新行为 | 组间 | 10.648 | 3 | 3.549 | | |
| | 组内 | 330.784 | 524 | 0.631 | 5.623 | 0.001 |
| | 总体 | 341.443 | 527 | | | |

注：均值差异检验的显著性水平均为 0.05。

表 5-19 是对不同教育程度员工的员工服务创新行为进行比较的结果。从表中可以看出，在置信度为 95% 的情况下，本科、硕士及以上学历员工的服务创新行为比大专学历员工的高，拥有知识越多，越有助于服务创新行为的发挥。

表 5-19 教育程度两两多重比较（Tamhanes's. T2 方法）

| 变量 | (I) 教育程度 | (J) 教育程度 | 均值差（I-J） | 标准误 | P 值 |
|---|---|---|---|---|---|
| 主管支持感 | 1 | 2 | -0.49606 | 0.53983 | 0.952 |
| | | 3 | -0.98475 | 0.52922 | 0.539 |
| | | 4 | -0.73310 | 0.53131 | 0.782 |
| | 2 | 3 | -0.48869[*] | 0.12546 | 0.002 |
| | | 4 | -0.23705 | 0.13399 | 0.400 |
| | 3 | 4 | 0.25165[*] | 0.08129 | 0.013 |
| 员工服务创新行为 | 1 | 2 | -0.68974 | 0.61810 | 0.895 |
| | | 3 | -0.96910 | 0.61374 | 0.684 |
| | | 4 | -1.06683 | 0.61456 | 0.601 |
| | 2 | 3 | -0.27936[*] | 0.09922 | 0.038 |
| | | 4 | -0.37708[*] | 0.10418 | 0.003 |
| | 3 | 4 | -0.09773 | 0.07403 | 0.712 |

注：(*) 表示均值差异检验的显著性水平为 0.05。

### （四）员工在本组织工作年限的方差分析

表 5-20 是员工在本组织工作年限对组织支持感、组织创新氛围、员工服务创新行为的方差齐性检验，从表中可以看出，组织创新氛围在员工在本组织工作年限控制变量下，具有方差齐性，从而可以对其进行方差分析，探讨员工在本组织工作年限对组织支持感、组织创新氛围的影响是否存在显著性差异。而员工组织支持感、员工服务创新行为在员工在本组织工作年限这个控制变量下，方差不齐，因此运用 Tamhanes's. T2 方法进行方差分析。

表 5-20　本组织工作年限的方差齐性检验

| 变量 | Levene Statistic | P 值 | 是否齐性 |
|---|---|---|---|
| 组织支持感 | 3.147 | 0.014 | 否 |
| 组织创新氛围 | 1.446 | 0.217 | 是 |
| 员工服务创新行为 | 3.776 | 0.005 | 否 |

注：方差齐性检验的显著性水平为 0.05。

从表 5-21 中可以看出，员工在本组织工作年限对组织创新氛围的影响存在着显著性差异，因此，本书将对其进行两两多重比较分析。

表 5-21　本组织工作年限的方差分析（SD 方法）

| 自变量 | 分组 | Sum of Squares | df | Mean Squares | F 值 | P 值 |
|---|---|---|---|---|---|---|
| 组织创新氛围 | 组间 | 3.692 | 4 | 0.924 | | |
| | 组内 | 397.792 | 523 | 5.903 | 4.811 | 0.304 |
| | 总体 | 401.486 | 527 | | | |

注：方差分析的显著性水平为 0.05。

表 5-22 是员工在本组织工作年限的组织创新氛围的两两多重比较，1 代表 3 年以下，2 代表 3~5 年，3 代表 6~10 年，4 代表 11~15 年，5 代表 15 年以上。从表中可以看出，在置信度为 95% 的情况下，在本组织工作 3 年以下员工的组织创新氛围高于 3~5 年本组织工作年限的员工，拥有 3 年以下组织工作经历的员工大多都是刚从大学毕业，他们的可塑性比较强，从而更容易

接纳组织的使命、目标以及文化，与组织保持一致，因此表现出较高的组织创新氛围。拥有 3~5 年组织工作经历的员工比 11~15 年员工的组织创新氛围高，而拥有 15 年以上本组织工作经历的员工比 11~15 年员工的组织创新氛围高，说明随着员工在本组织工作年限的不断增加，他们对组织的文化、战略目标有更加深刻的理解，从而表现出较高的组织创新氛围。

表 5-22 在本组织工作年限的两两多重比较（SD 方法）

| 变量 | (I) 本组织工作年限 | (J) 本组织工作年限 | 均值差（I–J） | 标准误 | P 值 |
|---|---|---|---|---|---|
| 组织创新氛围 | 1 | 2 | 0.29199(*) | 0.09197 | 0.002 |
| | | 3 | 0.46763(*) | 0.13727 | 0.001 |
| | | 4 | 1.50856(*) | 0.55010 | 0.006 |
| | | 5 | 0.15671 | 0.32081 | 0.625 |
| | 2 | 3 | 0.17563 | 0.14542 | 0.228 |
| | | 4 | 1.21657(*) | 0.55219 | 0.028 |
| | | 5 | −0.13528 | 0.32438 | 0.677 |
| | 3 | 4 | 1.04094 | 0.56151 | 0.064 |
| | | 5 | −0.31092 | 0.34001 | 0.361 |
| | 4 | 5 | −1.35185 | 0.63196 | 0.033 |

注：（*）表示均值差异检验的显著性水平为 0.05。

从表 5-23 中可以看出，员工在本组织工作年限对组织支持感、员工服务创新行为的影响没有显著差异，因此，没有必要作进一步分析。

表 5-23 本组织工作年限的方差分析（Tamhanes's. T2 方法）

| 自变量 | 分组 | Sum of Squares | df | Mean Squares | F 值 | P 值 |
|---|---|---|---|---|---|---|
| 组织支持感 | 组间 | 1.909 | 4 | 0.477 | | 组间 |
| | 组内 | 310.021 | 523 | 0.593 | 0.805 | 组内 |
| | 总体 | 401.486 | 527 | | 0.522 | 总体 |
| 员工服务创新行为 | 组间 | 5.009 | 4 | 1.252 | | |
| | 组内 | 336.424 | 523 | 0.643 | 1.947 | 0.101 |
| | 总体 | 341.443 | 527 | | | |

注：均值差异检验的显著性水平均为 0.05。

### （五）员工职位的方差分析

表 5-24 是员工职位对组织支持感、组织创新氛围、员工服务创新行为的方差齐性检验，表中显示员工组织支持感、组织创新氛围、员工服务创新行为在员工职位这个控制变量下，方差不齐，因此运用 Tamhanes's. T2 方法进行方差分析。

表 5-24　员工职位的方差齐性检验

| 变量 | Levene Statistic | P 值 | 是否齐性 |
|---|---|---|---|
| 组织支持感 | 8.961 | 0.000 | 否 |
| 组织创新氛围 | 7.702 | 0.001 | 否 |
| 员工服务创新行为 | 4.916 | 0.008 | 否 |

注：方差齐性检验的显著性水平均为 0.05。

从表 5-25 可以看出，员工职位对组织支持感、组织创新氛围的影响没有显著差异，因此，没有必要作进一步分析；但对员工服务创新行为的影响有显著差异，本书将对其进行两两多重比较分析。

表 5-25　员工职位的方差分析（Tamhanes's. T2 方法）

| 自变量 | 分组 | Sum of Squares | df | Mean Squares | F 值 | P 值 |
|---|---|---|---|---|---|---|
| 组织支持感 | 组间 | 0.341 | 2 | 0.171 | | |
| | 组内 | 311.589 | 525 | 0.594 | 0.287 | 0.750 |
| | 总体 | 311.930 | 527 | | | |
| 组织创新氛围 | 组间 | 0.097 | 2 | 0.049 | | |
| | 组内 | 491.083 | 525 | 0.935 | 0.052 | 0.949 |
| | 总体 | 491.181 | 527 | | | |
| 员工服务创新行为 | 组间 | 18.494 | 2 | 9.247 | | |
| | 组内 | 322.938 | 525 | 0.651 | 15.033 | 0.000 |
| | 总体 | 341.443 | 527 | | | |

注：方差分析的显著性水平均为 0.05。

表 5-26 是员工职位的员工服务创新行为的两两多重比较，1 代表普通员工，2 代表部门主管，3 代表高层管理者。从表中可以看出，在置信度为95%的情况下，普通员工的服务创新行为低于部门主管，部门主管的服务创新行为又低于高层管理者，在组织中，高层管理者和部门主管从事的工作都具有一定的战略性和挑战性，他们为组织的发展指引方向，具有"掌舵者"的作用，从而他们的工作可能是之前无人开拓的，需要更多探索、创新的精神，因此，他们在日常的工作中表现出更多服务创新行为。

**表 5-26　员工职位的方差分析（Tamhanes's. T2 方法）**

| 变量 | （I）员工职位 | （J）员工职位 | 均值差（I-J） | 标准误 | P 值 |
|---|---|---|---|---|---|
| 员工服务创新行为 | 1 | 2 | 0.05488 | 0.07331 | 0.838 |
| | | 3 | −1.42795<sup>(*)</sup> | 0.20867 | 0.000 |
| | 2 | 3 | −1.48283<sup>(*)</sup> | 0.21396 | 0.000 |

注：（*）表示均值差异检验的显著性水平为 0.05。

# 第三节　相关性分析

相关性分析（Correlation Analysis）主要用于研究变量间的依存关系，相关系数越大，说明变量间存在越紧密的依存关系。本书应用 SPSS 17.0 软件对组织创新氛围五个维度、员工创新行为以及组织支持感的两个维度进行相关性分析。相关矩阵如表 5-27 所示。

**表 5-27　变量的相关性矩阵**

| | TS | SS | OV | RS | TC | WS | ES | EI |
|---|---|---|---|---|---|---|---|---|
| TS | 1.000** | 0.724** | 0.660** | 0.567** | 0.520** | 0.534** | 0.442** | 0.633** |
| SS | 0.724** | 1.000 | 0.698** | 0.622** | 0.541** | 0.580** | 0.521** | 0.665** |
| OV | 0.660** | 0.698** | 1.000 | 0.679** | 0.564** | 0.577** | 0.498** | 0.608** |

| | TS | SS | OV | RS | TC | WS | ES | EI |
|---|---|---|---|---|---|---|---|---|
| RS | 0.567** | 0.622** | 0.679** | 1.000 | 0.638** | 0.592** | 0.599** | 0.657** |
| TC | 0.520** | 0.541** | 0.564** | 0.638** | 1.000 | 0.618** | 0.525** | 0.627** |
| WS | 0.534** | 0.580** | 0.577** | 0.592** | 0.618** | 1.000 | 0.633** | 0.723** |
| ES | 0.442** | 0.521** | 0.498** | 0.599** | 0.525** | 0.633** | 1.000 | 0.647** |
| EI | 0.633** | 0.665** | 0.608** | 0.608** | 0.627** | 0.627** | 0.647** | 1.000 |

注：** 表示 $P < 0.01$，* 表示 $P < 0.05$，N = 230；"TS"表示组织创新氛围变量的"同事支持"维度，"SS"表示"主管支持"，"OV"表示"资源供应"，"RS"表示"任务特征"，"TC"表示"组织理念"；"WS"表示"工具性支持感"，"ES"表示"情感性支持感"；"EI"表示"员工创新行为"。

由表 5-27 可知，组织创新氛围的五个维度不仅与组织支持感的两个维度显著相关，且与员工创新行为也存在非常紧密的依存关系，它们之间的相关系数均大于 0.60。此外，员工创新行为与组织支持感的工具性支持感维度的相关系数为 0.723，与情感性支持感维度的相关系数为 0.647，它们之间的相关关系也非常紧密，这与前文所提出的理论假设存在一致性。

此外，为了进一步探索组织创新氛围变量、组织支持感变量以及员工创新行为变量之间的关系，本书还对它们进行了相关分析，结果如表 5-28 所示。

**表 5-28　各变量之间的相关分析矩阵**

| | 组织创新氛围 | 组织支持感 | 员工创新行为 |
|---|---|---|---|
| 组织创新氛围 | 1.000 | 0.714** | 0.756** |
| 组织支持感 | 0.714** | 1.000 | 0.751** |
| 员工创新行为 | 0.756** | 0.751** | 1.000 |

注：** 表示 $P < 0.01$，* 表示 $P < 0.05$，N = 230。

由表 5-28 可知，各变量间的相关系数均大于 0.70，相关关系达到显著水平。但相关性分析无法区分自变量与因变量，不能证明变量间的因果关系，其分析结论仅作为验证假设的前提和参考。因此，本书在相关性分析的基础上，通过多元线性回归分析的方法，明晰各个变量间的因果关系，进一步验证组织支持感是否存在中介效应。

# 第四节 回归分析

回归分析（Regression）是研究因变量与自变量之间是否存在某种线性或非线性关系。在进行回归分析之前，需明确各变量间不存在多重共线性问题，否则将得到错误的结论。通常情况下，容忍度和方差膨胀因子（VIF）是用于共线性诊断的重要指标，且二者互为倒数关系。陈希孺等（1978）指出，变量之间是否存在多重共线性的判断标准是自变量的容忍度大于 0.10（正常范围介于 0~1 间），VIF 小于 10。

由表 5–29 可知，自变量组织创新氛围、组织支持感的容忍度均为0.494，大于 0.10，且方差膨胀因子均为 2.025，小于 10，说明自变量间不存在线性重合的问题，可进行多元线性回归分析。

**表 5–29 多重共线性检验结果**

| 自变量 | 容忍度 | 方差膨胀因子（VIF） |
| --- | --- | --- |
| 组织创新氛围 | 0.494 | 2.025 |
| 组织支持感 | 0.494 | 2.025 |

## 一、组织创新氛围与员工创新行为的回归分析

根据表 5–27 的相关性矩阵可知，组织创新氛围的各维度与员工创新行为间显著相关。为进一步探讨其对员工创新行为的具体解释情况，本研究将建立以组织创新氛围的同事支持维度、主管支持维度、资源供应维度、任务特征维度以及组织理念维度作为自变量，以员工创新行为作为因变量的回归方程，运用 SPSS 17.0 软件进行回归分析，回归结果如表 5–30 所示。

表 5-30　组织创新氛围对员工创新行为的回归系数

| | 非标准化系数 | | 回归系数 | t | Sig. | 共线性统计量 | |
|---|---|---|---|---|---|---|---|
| | B | 标准误差 | Beta | | | 容忍度 | VIF |
| 常量 | 0.959 | 0.216 | — | 4.447 | 0 | — | — |
| TS | 0.173 | 0.053 | 0.214 | 3.273 | 0.001 | 0.420 | 2.379 |
| SS | 0.172 | 0.061 | 0.201 | 2.814 | 0.005 | 0.353 | 2.837 |
| OV | 0.020 | 0.063 | 0.022 | 0.318 | 0.751 | 0.374 | 2.676 |
| RS | 0.221 | 0.064 | 0.232 | 3.427 | 0.001 | 0.391 | 2.557 |
| TC | 0.229 | 0.055 | 0.249 | 4.163 | 0 | 0.505 | 1.982 |

注：因变量为员工创新行为；"TS"表示组织创新氛围变量的"同事支持"维度，"SS"表示"主管支持"，"OV"表示"资源供应"，"RS"表示"任务特征"，"TC"表示"组织理念"。

由表 5-30 可知，组织创新氛围各维度变量多重共线性检验的容忍度均不小于 0.10，方差膨胀因子（VIF）均低于 10，说明该回归模型中自变量间不存在高度自相关关系，可进行回归分析。

在同事支持和员工创新行为的回归中，标准化 β 值为 0.214，显著性 P 值是 0.001＜0.05，说明同事支持对员工创新行为有积极的预测能力，H1a 获得验证；在主管支持和员工创新行为的回归中，标准化 β 值为 0.201，显著性 P 值为 0.005＜0.05，说明主管支持对员工创新行为有积极的预测能力，H1b 获得验证；在资源供应和员工创新行为的回归中，标准化 β 值为 0.022，显著性 P 值为 0.751＞0.05，因此未验证资源供应对员工创新行为有积极的预测能力，H1c 不成立；在任务特征和员工创新行为的回归中，标准化 β 值为 0.232，显著性 P 值为 0.001＜0.05，说明任务特征对员工创新行为有积极的预测能力，H1d 获得验证；在组织理念和员工创新行为的回归中，标准化 β 值为 0.249，显著性 P 值为 0.000＜0.05，由此说明组织理念能够显著预测员工创新行为，H1e 得到支持。

在实际调查中，有些员工在获取资源时，能够不费吹灰之力，他们不需要竭尽才能去获取创新资源，这在一定程度上也就遏制了他们创新意识的培养和创新才能的发挥。这也就说明资源供应并不一定能够对员工的创新行为产生积极的影响，H1c未获得验证是有因可寻的。

由表5-31可知，F值为66.396>F（5，225）达到显著水平，调整后$R^2$为0.588，组织支持感对员工创新行为的预测力达到了58.8%，Sig.值为0.000，DW值为1.949。

表5-31　组织创新氛围对员工创新行为的回归系数

| R | $R^2$ | 调整后$R^2$ | 标准误差 | F | Sig. | Durbin-Watson |
|---|---|---|---|---|---|---|
| 0.773[a] | 0.597 | 0.588 | 0.688508 | 66.396 | 0.000[a] | 1.949 |

注：a表示模型中的自变量：同事支持、主管支持、资源供应、任务特征、组织理念；因变量为员工创新行为。

综上所述，H1：组织创新氛围对员工创新行为产生正向影响证明成立。

## 二、组织创新氛围与组织支持感的回归分析

由相关性分析可知，组织创新氛围的各维度与组织支持感间显著相关。为了进一步探讨其对组织支持感的具体解释情况，本书将建立以组织创新氛围的同事支持维度、主管支持维度、资源供应维度、任务特征维度以及组织理念维度为自变量，以组织支持感的工具性支持感维度和情感性支持感维度分别为因变量的回归方程，运用SPSS17.0软件进行回归分析。

### （一）组织创新氛围对工具性支持感维度的回归分析

由表5-32可知，组织创新氛围各维度多重共线性检验的容忍度均不小于0.10，方差膨胀因子均低于10，说明该回归模型中自变量间不存在高度自相关关系，可进行回归分析。

表5-32　组织创新氛围对工具性支持感的回归系数

| | 非标准化系数 | | 回归系数 | t | Sig. | 共线性统计量 | |
|---|---|---|---|---|---|---|---|
| | B | 标准误差 | Beta | | | 容忍度 | VIF |
| 常量 | 1.188 | 0.231 | — | 5.136 | 0.000 | — | — |
| TS | 0.063 | 0.057 | 0.080 | 1.119 | 0.264 | 0.420 | 2.379 |
| SS | 0.120 | 0.066 | 0.143 | 1.834 | 0.068 | 0.353 | 2.837 |

| | 非标准化系数 | | 回归系数 | t | Sig. | 共线性统计量 | |
|---|---|---|---|---|---|---|---|
| | B | 标准误差 | Beta | | | 容忍度 | VIF |
| OV | 0.072 | 0.067 | 0.080 | 1.062 | 0.289 | 0.374 | 2.676 |
| RS | 0.208 | 0.069 | 0.222 | 3.011 | 0.003 | 0.391 | 2.557 |
| TC | 0.295 | 0.059 | 0.325 | 4.994 | 0.000 | 0.505 | 1.982 |

注：因变量为员工创新行为；"TS"表示组织创新氛围变量的"同事支持"维度，"SS"表示"主管支持"，"OV"表示"资源供应"，"RS"表示"任务特征"，"TC"表示"组织理念"。

在同事支持、主管支持、资源供应与工具性支持感的回归中，标准化 β 值分别为 0.080、0.143、0.080，显著性 P 值分别为 0.264、0.068、0.289，均大于 0.05，说明同事支持、主管支持、资源供应对工具性支持感的预测能力均未得到验证，H2a、H2b、H2c 不成立；在任务特征和工具性支持感的回归中，标准化 β 值为 0.222，显著性 P 值为 0.003<0.05，说明任务特征对工具性支持感有积极的预测能力，H2d 获得验证；在组织理念和工具性支持感的回归中，标准化 β 值为 0.325，显著性 P 值为 0.000<0.05，由此说明组织理念能够显著预测工具性支持感，H2e 得到支持。

在实际调查中，不同的文化环境会使员工对组织创新氛围的理解产生差异。尤其在主管支持员工进行创新行为的时候，员工会产生一种情绪智力，一般情绪智力高的员工能够运用和延长积极情绪，有助于他们自己提升创新能力。因此，部分假设未能获得验证。

由表 5-33 可知，F 值为 48.874>F（5，225）达到显著水平，调整后 $R^2$ 为 0.511，组织支持感对工具性支持感的预测力达到了 51.1%，Sig. 值为 0.000，DW 值为 1.901。

表 5-33　组织创新氛围对工具性支持感的回归系数

| R | $R^2$ | 调整后 $R^2$ | 标准误差 | F | Sig. | Durbin-Watson |
|---|---|---|---|---|---|---|
| 0.722[a] | 0.522 | 0.511 | 0.738585 | 48.874 | 0.000[a] | 1.901 |

注：a 表示模型中的自变量：同事支持、主管支持、资源供应、任务特征、组织理念；因变量为组织支持感的工具性支持感维度。

综上所述，H2：组织创新氛围对工作支持感产生正向影响证明成立。

**（二）组织创新氛围对情感性支持感维度的回归分析**

由表 5-34 可知，组织创新氛围各维度多重共线性检验的容忍度均不小于 0.10，方差膨胀因子（VIF）均低于 10，说明该回归模型中自变量间不存在高度自相关关系，可进行回归分析。

表 5-34　组织创新氛围对情感性支持感的回归系数

| | 非标准化系数 | | 回归系数 | t | Sig. | 共线性统计量 | |
|---|---|---|---|---|---|---|---|
| | B | 标准误差 | Beta | | | 容忍度 | VIF |
| 变量 | 1.183 | 0.302 | | 3.917 | 0.000 | | |
| TS | 0.020 | 0.074 | 0.021 | 0.264 | 0.792 | 0.420 | 2.379 |
| SS | 0.148 | 0.086 | 0.150 | 1.728 | 0.085 | 0.353 | 2.837 |
| OV | −0.001 | 0.088 | −0.001 | −0.016 | 0.987 | 0.374 | 2.676 |
| RS | 0.433 | 0.090 | 0.396 | 4.792 | 0.000 | 0.391 | 2.557 |
| TC | 0.162 | 0.077 | 0.152 | 2.096 | 0.037 | 0.505 | 1.982 |

注：因变量为员工创新行为；"TS"表示组织创新氛围变量的"同事支持"维度，"SS"表示"主管支持"，"OV"表示"资源供应"，"RS"表示"任务特征"，"TC"表示"组织理念"。

在同事支持、主管支持、资源供应与情感性支持感的回归分析中，标准化 β 值分别为 0.021，0.150、−0.001，显著性 P 值分别为 0.792、0.085、0.987，均大于 0.05，说明同事支持、主管支持、资源供应对情感性支持感的预测能力均未得到验证，H3a、H3b、H3c 不成立；在任务特征和情感性支持感的回归中，标准化 β 值为 0.396，显著性 P 值为 0.000<0.05，说明任务特征对情感性支持感有积极的预测能力，H3d 获得验证；在组织理念和情感性支持感的回归中，标准化 β 值为 0.152，显著性 P 值为 0.037<0.05，由此说明组织理念能够显著预测情感性支持感，H3e 得到支持。

由表 5-35 可知，F 值为 30.180>F（5，225）达到显著水平，调整后 $R^2$ 为 0.389，组织支持感对情感性支持感的预测力达到了 38.9%，Sig.值为 0.000，DW 值为 1.928。由此可见，H3：组织创新氛围对情感性支持感产生正向影响证明成立。

表 5-35　组织创新氛围对情感性支持感的回归系数

| R | R² | 调整后 R² | 标准误差 | F | Sig. | Durbin-Watson |
|---|---|---|---|---|---|---|
| 0.634ª | 0.403 | 0.389 | 0.964119 | 30.180 | 0.000ª | 1.928 |

注：a 表示模型中的自变量：同事支持、主管支持、资源供应、任务特征、组织理念；因变量为组织创新氛围的情感性支持感维度。

## 三、组织支持感与员工创新行为的回归分析

由相关性分析可知，组织支持感的各个维度与员工创新行为间显著相关。为了进一步探讨其对员工创新行为的具体解释情况，本书将建立以组织支持感的工具性支持感维度和情感性支持感维度为自变量，以员工创新行为为因变量的回归方程，运用 SPSS 17.0 软件进行回归分析。

由表 5-36 可知，组织支持感各维度多重共线性检验的容忍度均不小于 0.10，方差膨胀因子均低于 10，说明该回归模型中各自变量间不存在高度自相关关系，可进行回归分析。

表 5-36　组织支持感对员工创新行为的回归系数

| | 非标准化系数 | | 回归系数 | t | Sig. | 共线性统计量 | |
|---|---|---|---|---|---|---|---|
| | B | 标准误差 | Beta | | | 容忍度 | VIF |
| 常量 | 0.943 | 0.215 | | 4.382 | 0.000 | | |
| WS | 0.563 | 0.057 | 0.554 | 9.823 | 0.000 | 0.570 | 1.756 |
| ES | 0.243 | 0.049 | 0.279 | 4.949 | 0.000 | 0.570 | 1.756 |

注：因变量为员工创新行为；"WS" 表示组织支持感变量的"工具性支持感"维度，"ES" 表示"情感性支持感"。

在工具性支持感、情感性支持感与员工创新行为的回归中，标准化 β 值分别为 0.554、0.279，显著性 P 值均为 0.000<0.05，说明二者对员工创新行为有积极的预测能力，H4a、H4b 均获得验证。当组织向员工做出承诺时，员工能够积极地做出相应的反馈，这有助于他们创新能力的发挥，提高组织的创新绩效。

由表 5-37 可知，F 值为 162.216>F（2，225）达到显著水平，调整后 R²

为 0.585 ，组织支持感对员工创新行为的预测力达到了 58.5%，Sig.值为 0.000，DW 值为 1.925。

**表 5-37 组织支持感对员工创新行为的回归系数**

| R | R² | 调整后 R² | 标准误差 | F | Sig. | Durbin-Watson |
|---|---|---|---|---|---|---|
| 0.767ᵃ | 0.588 | 0.585 | 0.691341 | 162.216 | 0.000ᵃ | 1.925 |

注：a 表示模型中的自变量：工具性支持感维度、情感性支持感维度；因变量为员工创新行为。

综上所述，H4：组织支持感对员工创新行为产生正向影响证明成立。

# 第五节　中介效应分析

由前两部分的实证分析可知，组织创新氛围变量、组织支持感变量和员工创新行为变量间显著相关，组织创新氛围变量与组织支持感变量也显著相关。但这仅为两两变量间的分析，并没有考虑三个变量间的具体关系。因此，本节通过中介效应分析，探索三个变量之间的关系，验证组织支持感变量的部分中介或全部中介作用。

## 一、初步结论

温忠麟、侯杰泰（2005）就中介效应的检验程序进行了详细分析，并提出了中介效应的检验方法。首先，采用该验证方法检验组织支持感变量在组织创新氛围和员工创新行为二者关系中的中介效应，结果如表 5-38 所示。

由表 5-38 可知，在方程 1 中，组织创新氛围的回归系数达到显著性水平（$\beta=0.765$，$P<0.001$），可以解释 58.5% 的方差。在方程 2 中，结果显示组织创新氛围能够显著解释组织支持感（$\beta=0.712$，$P<0.001$）；组织支持感和员工创新行为的回归系数达到显著性水平（$\beta=0.754$，$P<0.001$），分别可以解释

表 5-38　验证组织支持感起中介作用的回归分析系数

| | 方程 1 | 方程 2 | | 方程 3 |
|---|---|---|---|---|
| | 员工创新行为 | 组织支持感 | 员工创新行为 | 员工创新行为 |
| 组织创新氛围 | 0.765*** | 0.712*** | | |
| 组织支持感 | | | 0.754*** | |
| 组织创新氛围 | | | | 0.463*** |
| 组织支持感 | | | | 0.425*** |
| R² | 0.585 | 0.506 | 0.569 | 0.674 |
| F | 321.437 | 233.770 | 300.442 | 234.850 |

注：*** 表示在 P < 0.001 的水平上显著。

50.6%和56.9%的方差。在方程3中，当把组织创新氛围、组织支持感一起纳入自变量预测员工创新行为时，组织创新氛围的 R² 由 0.585 上升至 0.674，回归系数由 0.765 下降至 0.463，但其影响依旧在 0.001 水平上显著。

综上所述，将组织创新氛围与组织支持感同时作为自变量能更好地解释因变量，说明组织支持感部分中介了组织创新氛围对员工创新行为的作用过程。由此可知，H5 获得验证。

## 二、进一步分析

为进一步探讨组织支持感的工具性支持感维度和情感性支持感维度对组织创新氛围与员工创新行为的关系是部分中介还是完全中介作用，除应用温忠麟等（2005）的中介效应分析法外，本研究还通过构建中介作用模型检验各维度的中介效应。

### （一）工具性支持感的中介作用模型

由表 5-39 可知，工具性支持感的中介模型的拟合指标值中 CMIN/df=1.588，远小于3；RMSEA=0.047，小于0.05；NFI、IFI、CFI 均符合参考标准（越靠近1，拟合效果越好），说明以工具性支持感维度为中介变量的概念模型拟合理想，可进一步研究。

表 5-39 工具性支持感维度的中介模型拟合指数（N=230）

| 模型 | 拟合指数 | | | | |
|---|---|---|---|---|---|
| | CMIN/df | RMSEA | NFI | IFI | CFI |
| 组织创新氛围 | 1.588 | 0.047 | 0.789 | 0.910 | 0.908 |

根据图 5-5，对工具性支持感的中介效应显著性检验进行 Bootstrap 分析，结果如表 5-40 所示。由表 5-40 可知，工具性支持感在同事支持、主管支持、资源供应、任务特征、组织理念与员工创新行为间的平均间接效应分别为 0.514、-0.046、0.073、0.02、0.042，均落在 95% 的置信区间内，说明工具性支持感在组织创新氛围各维度与员工创新行为间的中介作用显著。

表 5-40 对工具性支持感中介效应显著性检验的 Bootstrap 分析

| 路径 | 标准化的间接效应估计 | 平均间接效应 | 95% 的置信区间 | |
|---|---|---|---|---|
| | | | 下限 | 上限 |
| 同事支持—工具性支持感—员工创新行为 | $0.04 \times 1.05 = 0.042$ | 0.514 | -0.121 | 4.315 |
| 主管支持—工具性支持感—员工创新行为 | $0.02 \times 1.05 = 0.021$ | -0.046 | -3.978 | 0.604 |
| 资源供应—工具性支持感—员工创新行为 | $0.35 \times 1.05 = 0.3675$ | 0.073 | -0.939 | 2.777 |
| 任务特征—工具性支持感—员工创新行为 | $0.31 \times 1.05 = 0.3255$ | 0.02 | -1.585 | 2.126 |
| 组织理念—工具性支持感—员工创新行为 | $-0.82 \times 1.05 = -0.861$ | 0.042 | -1.132 | 0.754 |

由此可知，H5a：工具性支持感在组织创新氛围与员工创新行为之间起中介作用证明成立。

**（二）情感性支持感的中介作用模型**

由表 5-41 可知，情感性支持感的中介模型的拟合指标值中 CMIN/df=1.588，远小于 3；RMSEA=0.047，小于 0.05；NFI、IFI、CFI 均符合参考标准（越靠近 1，拟合效果越好），说明以情感性支持感维度为中介变量的概念

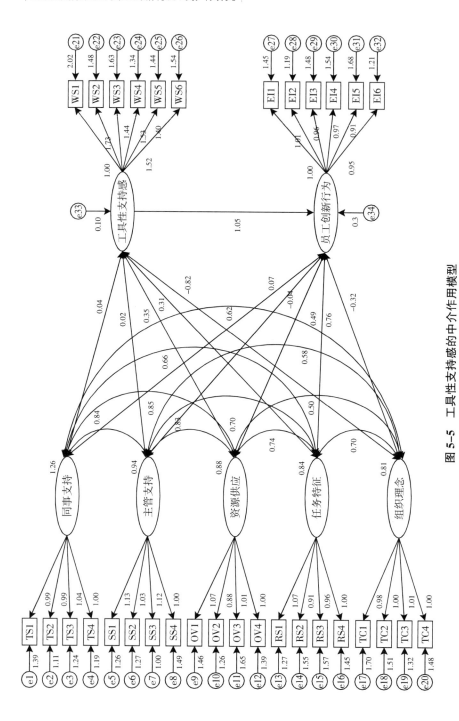

图 5-5　工具性支持感的中介作用模型

模型拟合理想，可进一步研究。

表 5-41　情感性支持感维度的中介模型拟合指数（N=230）

| 模型 | 拟合指数 | | | | |
|---|---|---|---|---|---|
| | CMIN/df | RMSEA | NFI | IFI | CFI |
| 组织创新氛围 | 1.588 | 0.047 | 0.789 | 0.910 | 0.908 |

　　根据图 5-6，对情感性支持感的中介效应显著性检验进行 Bootstrap 分析，结果如表 5-42 所示。由表 5-42 可知，情感性支持感在同事支持、主管支持、资源供应、任务特征、组织理念与员工创新行为间的平均间接效应分别为 0.007、0.25、-0.188、0.086、0.019，均落在 95% 的置信区间内，说明情感性支持感在组织创新氛围各维度与员工创新行为间的中介作用显著。

表 5-42　对情感性支持感中介效应显著性检验的 Bootstrap 分析

| 路径 | 标准化的间接效应估计 | 平均间接效应 | 95%的置信区间 | |
|---|---|---|---|---|
| | | | 下限 | 上限 |
| 同事支持—情感性支持感—员工创新行为 | $0.08 \times 0.23 = 0.0184$ | 0.007 | -1.651 | 4.315 |
| 主管支持—情感性支持感—员工创新行为 | $0.38 \times 0.23 = 0.0874$ | 0.25 | -0.097 | 0.604 |
| 资源供应—情感性支持感—员工创新行为 | $-0.83 \times 0.23 = -0.1909$ | -0.188 | -7.679 | 2.777 |
| 任务特征—情感性支持感—员工创新行为 | $0.24 \times 0.23 = 0.0552$ | 0.086 | -0.191 | 2.126 |
| 组织理念—情感性支持感—员工创新行为 | $0.03 \times 0.23 = 0.0069$ | 0.019 | -0.127 | 0.754 |

　　由此可见，H5b：情感性支持感在组织创新氛围与员工创新行为之间起中介作用证明成立。

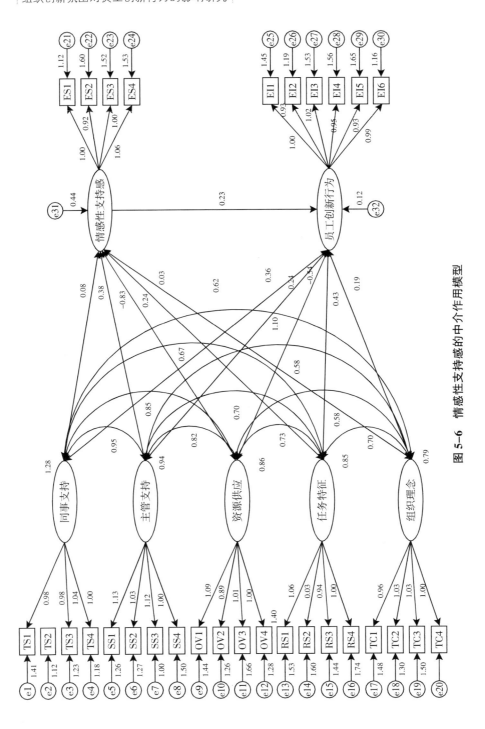

图 5-6 情感性支持感的中介作用模型

# 第六节 假设检验结果与讨论

本节首先通过验证性因子分析的方法对各个变量的测量问卷进行效度检验；其次通过 SPSS 17.0 与 AMOS 21.0 软件对变量间相互影响的作用进行实证分析；最后对组织支持感变量的中介效应进行检验。

根据前文研究结果可知，第三章所提出的研究假设基本得到了验证。汇总如表 5-43 所示。

表 5-43 研究假设的检验结果

| 假设编号 | 假设内容 | 检验结果 |
|---|---|---|
| H1a | 同事支持对员工创新行为产生正向影响 | 证实 |
| H1b | 主管支持对员工创新行为产生正向影响 | 证实 |
| H1c | 资源供应对员工创新行为产生正向影响 | 未证实 |
| H1d | 任务特征对员工创新行为产生正向影响 | 证实 |
| H1e | 组织理念对员工创新行为产生正向影响 | 证实 |
| H2a | 同事支持对工具性支持感产生正向影响 | 未证实 |
| H2b | 主管支持对工具性支持感产生正向影响 | 未证实 |
| H2c | 资源供应对工具性支持感产生正向影响 | 未证实 |
| H2d | 任务特征对工具性支持感产生正向影响 | 证实 |
| H2e | 组织理念对工具性支持感产生正向影响 | 证实 |
| H3a | 同事支持对情感性支持感产生正向影响 | 未证实 |
| H3b | 主管支持对情感性支持感产生正向影响 | 未证实 |
| H3c | 资源供应对情感性支持感产生正向影响 | 未证实 |
| H3d | 任务特征对情感性支持感产生正向影响 | 证实 |
| H3e | 组织理念对情感性支持感产生正向影响 | 证实 |
| H4a | 工具性支持感对员工创新行为产生正向影响 | 证实 |
| H4b | 情感性支持感对员工创新行为产生正向影响 | 证实 |

| 假设编号 | 假设内容 | 检验结果 |
|---|---|---|
| H5a | 工具性支持感在组织创新氛围与员工创新行为之间起中介作用 | 证实 |
| H5b | 情感性支持感在组织创新氛围与员工创新行为之间起中介作用 | 证实 |

由表 5-43 可知，尽管组织创新氛围量表被广泛采用，但受调查对象和调研环境的影响，相关研究的结论多少都会存在一些差异。

资源供应对员工创新行为、工具性支持感、情感性支持感的影响作用未得到验证，Csikszenymihalyi（1997）也对此提出过质疑，他认为员工在进行创造性活动时，需要一定的物质或非物质资源，但如果员工在获取这些资源时，能够不费吹灰之力，那么这对员工来说，就会限制他们为此发挥的才能，阻碍创造力的产生。当然，员工为了彰显个人才能，会更加积极主动地进行创新活动，尤其在遇到棘手的问题时，总能第一时间找到解决问题的最佳措施，这对他们个人来说，都有利于发挥创新潜能。由此可见，资源供应与员工创新行为的关系并不稳定。

关于同事支持对工具性支持感、情感性支持感的影响作用未得到验证，国内学者也对此作出解释。由于受中国文化环境的影响，员工对组织创新氛围的理解更多地倾向于组织层面，对概念的理解多少存在偏差，从而造成他们在考虑组织氛围时忽略组织内部的同事支持。

关于主管支持对工具性支持感、情感性支持感的影响作用未得到验证，国内外学者均提出情绪智力概念。员工的主管支持感越高，他们的工作态度越积极，越能影响工作行为与绩效。因此，情绪智力高的员工能够运用和延长积极情绪，更有助于员工提升创造能力。由此可见，主管支持对工具性支持感、情感性支持感的影响作用会受到情绪智力的调节作用。

# 第六章

# 组织创新氛围与员工创新行为的调节机制

## ——基于核心自我评价

# 第一节　核心自我评价

学者们最早对于人格特质的研究仅停留在对自尊、神经质等变量的研究上，Judge 等（1997）提出核心自我评价概念。核心自我评价最早从核心评价（Core Evaluation）延伸而来，核心评价由个人对自己的评价即自我评价、个人对自己之外的其他人的评价即他人评价、个人对身处的环境现实的评价即现实评价三方面组成。核心自我评价主要截取核心评价三方面中自我评价方面，重点突出。针对核心自我评价的概念，Judge 等认为它是个体对自身所拥有的所有能力、才干以及价值的一个最基本的评价（Judge T. A.等，1997）。而最近研究者把核心自我评价的定义简化为人们对自己的基本评价（Judge T. A.，2009；Ferris D. L.、Johnson R. E.、Rosen C. C.等，2012）。Judge 等认为，核心自我评价不是一种单一的结构，它是一种复杂的、多层的人格结构。进一步深入探讨发现，它隐含了自我尊重即自尊、情绪的稳定状态即神经质、自身能力的肯定即自我效能、行为结果的判断即控制点四种基本的人格特质的结构（Judge 等，2003）。由此，我们可以将它认为是一种对人格潜在的、深层次的描述，这四种基本特质定义如下：

自尊（Self-esteem），是个体根据其以往表现及自我评价以及他人对自己的评价形成的自我尊重，并要求得到他人尊重的情感感知。自尊是自我评价的开始，是个体对自己最基本的而且积极的评价。

神经质（Neuroticism），是"大五"人格特质中的一个。差别于一般意义上理解的神经质，它在心理学领域一般解释为一种情绪波动的状况，尤其在个体缺乏情绪调节以及经历消极情感之后表现出来。

自我效能（Self-efficacy），与自尊、自大等有一定的关联性，但它一般是积极正向的，是个体基于自身能力的整体评估之后认为自己有能力办到以及能做到的程度的一个判断。

控制点（Locus of Control），表现为个体在完成一件事情后对其表现出的结果的一种判断，即把结果归咎于何处。根据结果归咎方向的不同，可以分为内控型人格和外控型人格两种。外控型常常会把事件的结果归咎于外部环境，内控型把结果归咎于自身。这两种不同类型的人格充分体现了个体在对自己行为的归因上存在着差异。

学者已经从过去只关注情境因素的研究转向了个体因素的研究。显而易见，情境因素与个体因素之间是有必然联系的，情境依赖于个体，个体随环境而变。将两者放在一起研究很有必要。目前对个体因素的研究，人格特质是其中一大热点，个体的责任心、工作取向等都已得到实证，证明与个人的行为有关。员工的主动性人格也被证明正向影响创新行为（张振刚、李云健，2014）。核心自我评价下的基本人格特质——自尊，调节感知的企业社会责任与员工态度的关系（马晨、周祖城，2017），表明基本人格特质的调节作用已经受到学者的关注，李悦嘉、王世强（2017）也发现，创新自我效能感能调节工作满意度和创新行为的关系。因此，深入研究人格特质的调节作用是目前的研究趋势。

尽管当前的大多研究都以核心自我评价的四种基本人格特质为研究对

象，少有将核心自我评价作为整体研究，但经过多方查找还是能发现一些文章。任志洪、江光荣、叶一舵（2011）研究发现，核心自我评价在班级环境与青少年抑郁的关系中起到中介作用。核心自我评价在该文章中被当作一个整体变量而不是四种基本人格特质的简单相加。有学者发现，核心自我评价直接影响研发人员跨界行为，说明核心自我评价对员工个体行为有影响。自我效能感是核心自我评价下的基本人格特质，自我效能感高的员工更加自信、相信自己有能力解决问题，更容易用新颖的方式解决问题。Judge 等（2011）强调核心自我评价不是四种基本人格特质的简单相加，对核心自我评价进行探讨时应该将它当作整体构念。少量学者对核心自我评价调节效应进行研究，张素雅（2012）发现，当核心自我评价作为调节变量时，可以调节精神型领导对员工创新行为的影响，说明核心自我评价与员工的创新行为有关联。

# 第二节　文献综述评价

本书通过对组织创新氛围、员工创新行为以及核心自我评价的文献进行梳理发现如下问题：

（1）目前国内对于核心自我评价的实证研究较少。国内对于核心自我评价的研究主要集中在心理学领域和教育领域，在组织情境下的实证研究较少，而创新领域中对于核心自我评价的研究成果更是少之又少。核心自我评价是对人格潜在的、深层次的评价，由 Judge 等在 1997 年提出，把核心自我评价与创新行为联系在一起进行研究的学者还不多。以往学者的研究通常都将构成核心自我评价的四种基本人格特质分开研究，而 Judge 等认为，核心自我评价是一个整体的人格结构，不是四种人格特质的简单相加，因此把核心自我评价作为整体更有意义。

（2）已有证据证明核心自我评价的调节效应，但对其在组织创新氛围和员工创新行为之间的作用研究甚少。核心自我评价是一个潜在的、深层次的人格结构，不是永恒不变的，它会在特定的环境下形成一系列的心理认知，不同的工作环境对于核心自我评价不同的员工，其行为表现是截然不同的。有证据发现，核心自我评价调节社会环境支持和员工利他行为的关系。处于当前国家鼓励创新的环境下，探讨核心自我评价与创新行为的关系有显著意义。当前社会工作环境的压力使得越来越多的学者在对组织进行研究时关注个体因素，员工自我效能感的调节作用已有实证结论。本书认为，将核心自我评价作为调节变量讨论更有意义。而把核心自我评价作为调节变量谈论其对员工创新行为作用，不仅有很强的理论意义，而且对于企业实践有很强的现实意义。

基于上述结论，本书将核心自我评价作为调节变量引入组织创新氛围对员工创新行为的关系影响研究中，深入讨论三者的作用机制，力求为现有的论证作出有益的补充。

## 一、社会认知理论

社会学习理论（Social Learning Theory），也称社会认知理论（Social Cognitive Theory），是建立在操作性条件反射基础上的，其主要代表人物是美国心理学家阿尔伯特·班杜拉（Albert Bandura）。该理论强调组织中的个体可以通过对其他人的行为及其结果的观察进行间接的学习，即通过对他人行为的观察和模仿来发展自己的行为模式，例如榜样学习。它不是根据行为结果本身做出反应，而是根据个体的认知做出的。个体在组织中对行为结果的认知，以及对他人的行为及结果的认知本质上构成了组织气氛环境的重要组成部分，对个体学习的过程、结果、行为有重要的影响。例如，当组织处于创新性的氛围时，个体可以通过对组织内其他人的创新行为进行观察、模仿，从而使自己有创新的意图和能力。

20 世纪 80 年代，美国心理学家 Bandura 阐释了社会认知理论（Social

Cognitive Theory，SCT）主要研究人类的认知活动和过程在其行为中所起的支配作用。社会认知理论认为，个体具体行为依赖于个体因素以及外部环境因素。个体因素（如认知因素、情感因素等）、行为因素和外部环境因素之间会产生动态的交互作用。首先，环境作用于个体行为，个体行为又反作用于环境；其次，个体的内在因素，如能力、动机、情绪、目标取向等是决定个体行为的根本因素，它决定了个体的行为模式以及行为强度，同时，个体行为的结果又会对这些个体内在因素起到调整和修正的作用；最后，在个体因素与环境因素的关系上，个体认知能力会受环境的影响和制约，反过来，环境又会受个体认知能力影响，只有在被个体认知和把握时，环境才能真正发挥作用。

在社会认知理论中，"社会"承认多数人类思想和行为的环境起源，而"认知"强调认知加工对人类行为的影响作用，在环境和认知因素互动中，Bandura 更强调人的认知因素在行为改变中所起的主导作用，认为认知活动与行为之间有因果关系。自我效能，是指个体对自身能否成功完成某项特定任务的一种主观判断，这种判断是基于内外诸多因素做出的，是外部环境及以往经验、成就动机等交互作用的结果。自我效能是核心自我评价四种基本特质之一，Bandura 认为，自我效能感强的个体创新行为发生可能性较大。间接说明，核心自我评价越高，个体行为发生概率越大。

本节模型根据社会认知理论得出组织创新氛围对员工创新行为的影响，核心自我评价在其中起到调节的作用。

## 二、特质激活理论

特质激活理论认为，个体的人格特质需要一定的刺激才会被激发出来，在环境充分启动的情况下，如果人格特质与其相匹配，就会被激发出来并且由个体表现出来。该理论认为，特质的激活必须在适宜的环境强度下才能发生。特质激活理论说明人格特质因素与环境因素相结合时它是如何与个体的行为相互影响的。

1961 年，美国心理学家 G.W. 奥尔波特第一次提出了人格特质理论。他认为特质是人格结构中一个十分重要的部分，很大程度上与我们所感知的刺激以及做出的反应类似。这可以解释为，在特定的情境下如若个体可以感知到该情境是有意义的，则特质就会被表现出来指导个体行为。在这个意义上，特质指的是一种人格的心理构成，这种心理组成结构在应对外界作用相同的刺激时会做出反应，而且这种刺激会促使个体做出行动适应变化。奥尔波特的人格特质理论比较严谨，他曾强调特质理论必须考虑个体差异，不同个体其行为表现千差万别。除此之外，还需要解释个体行为的多样性问题，只有做到这两点人格特质理论才是一个完整的理论。研究环境因素对人格特质的刺激及个体的反应往往忽视环境的特征，极端的情境更容易刺激人格特质并做出行为反应。个体内在心理因素也可能阻碍、歪曲甚至压制特质的表现。个体身上有各种各样的行为表现，但通过研究证实，人格特质是个体所有行为当中最稳定不易变化的部分。因此，从个体表现出的行为中，就可以挖掘出人格特质部分预测其发展变化。预测的标准如下：①行为发生的频率；②行为发生的情境；③行为发生的强度。

1966 年，奥尔波特在《再论特质》一书中再次讨论人格特质，在书中他肯定了自己之前的观点。他认为对特质的研究非常必要，在当时特质已经在人格心理学当中占据了十分重要的地位。奥尔波特对人格特质理论进行了深入的研究，他对之前研究的不足进行了补充，把之前研究忽略的社会因素以及情景因素考虑入内。他强调，一个完善的理论应该把内在因素（人格特质）与外在系统（环境）联系在一起。特质激活理论要求环境存在足够刺激以激发特质从而引起行为的改变，特质是否能够有效地表达最终依赖于环境，并且该环境应该与特质表现一致或者相反。

基于特质激活理论，本节推测特定的环境因素会刺激个体特定人格特质，从本节的角度认为组织的创新环境激发员工的核心自我评价这一特质对环境做出反应。员工表现出的行为方向依赖于特质与环境的作用，得出的最终绩效各不相同。如果环境是适宜的、积极的，员工很可能做出积极的行为，并且人格特质也会对行为结果产生影响，即环境因素的契合程度引起工作绩效的个体间差异。本书研究自我评价这一人格特质，基于特质激活理论推测组织创新氛围激发核心自我评价，对员工创新行为产生影响。以组织创新氛围作为自变量，以员工创新行为作为因变量，加入调节变量核心自我评价的作用，提出核心自我评价在组织创新氛围和员工创新行为之间起到调节作用的研究模型。

# 第三节 实证研究设计

## 一、核心自我评价的调节作用

特质激活理论认为，个体的人格特质与环境息息相关，并且需要与环境相匹配才能发挥作用。个体对环境的感知会因为所激发的人格特质的水平影响其行为。社会认知理论认为个体行为受到个体和环境的影响，因此研究员工创新行为除了考虑组织环境因素外，还应考虑员工的个体因素。人格特质是影响个体行为的最重要的个体因素，是引起个体行为差异的一个重要的内因。由于员工个体差异的存在，不同员工对组织创新氛围的感知及其反应不完全相同。如果一个人对自己的能力有足够高的评价，相信自己可以通过行动达到预期目标，他们可能会采取积极行动，这其实就是核心自我评价高的表现。以往大多研究创新自我效能感、自尊等单一人格特质，有学者认为，单一的人格特质的研究结论缺乏说服力，因此本书创新地引入核心自我评价这一宽泛的人格结构。

核心自我评价是一种宽泛的人格特质，近几年受到学界广泛关注，很多研究结果显示，核心自我评价高的人对自己充满信心，乐于接受富有挑战性的工作，因此更容易获得职业上的成功（王震、孙健敏，2012）。张华磊、袁庆宏等（2014）认为，核心自我评价高的人，自信，积极主动成为组织与外界联系的纽带，产生跨界行为，引导组织的创新。核心自我评价高的人，有更强的动机采用创新的方式去完成任务。Chao Ni 和 Ying Wang（2015）研究发现，核心自我评价在组织支持感和员工幸福感之间起调节作用，核心自我评价高的员工自信、相信有能力达成目标，认为自己可以控制环境，因此能很好地控制情感和行为。同时有研究发现，内在动机高并且核心自我评价高的员工比核心自我评价低的员工绩效更高。认为核心自我评价高的员工能承受更大的压力，更可能全身心投入工作当中实现高绩效。在关注组织创新氛围对员工创新行为的影响研究的学者中，部分已经开始考虑人格特质的作用。认为人格特质中的核心自我评价会影响自己对外界人、事、物的判断，如果组织氛围是积极的、有利于创新的，尽管员工对自己的评价很低，缺乏自信，认为自己没有能力或不可能达到预期的目标，也可能产生创新行为。对自己评价很高、相信自己能力的员工其行为受环境影响可能性较小。因此，员工核心自我评价的高低可能调节影响组织创新氛围及其五维度（同事支持、主管支持、组织理念、资源供应、任务特征）与员工创新行为的关系。

核心自我评价高的人一般自尊心比较高，一旦有比较就会全力以赴去完成任务。并且，自我效能感也较高，相信自己有能力达成目标。核心自我评价高的员工一般属于内控型，认为自己可以控制事情的发展，情绪一般比较稳定。当这类员工处于组织创新氛围中，他们相较于核心自我评价低的员工而言产生的员工创新行为必然不同。

因此，本书提出假设：

H2a：核心自我评价在同事支持与员工创新行为之间起调节作用。同事支持对核心自我评价低的员工相较于核心自我评价高的员工更能促进其创新行为的产生。

H2b：核心自我评价在主管支持与员工创新行为之间起调节作用。主管支持对核心自我评价低的员工相较于核心自我评价高的员工更能促进其创新行为的产生。

H2c：核心自我评价在组织理念与员工创新行为之间起调节作用。组织理念对核心自我评价低的员工相较于核心自我评价高的员工更能促进其创新行为的产生。

H2d：核心自我评价在资源供应与员工创新行为之间起调节作用。资源供应对核心自我评价低的员工相较于核心自我评价高的员工更能促进其创新行为的产生。

H2e：核心自我评价在任务特征与员工创新行为之间起调节作用。任务特征对核心自我评价低的员工相较于核心自我评价高的员工更能促进其创新行为的产生。

H2：核心自我评价在组织创新氛围与员工创新行为之间起调节作用。组织创新氛围对核心自我评价低的员工相较于核心自我评价高的员工更能促进其创新行为的产生。

## 二、理论模型的构建

基于假设，理出整体的理论模型如图 6-1 所示。模型包括两个部分的内容：第一部分体现组织创新氛围正向影响员工创新行为，其五个维度（同事

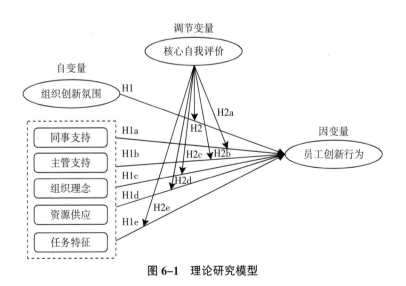

**图 6-1 理论研究模型**

支持、主管支持、组织理念、资源供应、任务特征）也正向影响员工创新行为；第二部分为核心自我评价在组织创新氛围与员工创新行为之间的调节作用以及在各维度与员工创新行为之间关系的调节作用。

### 三、核心自我评价量表的选取

本书采用的量表是在 Judge 等（Judge T. A.、Erez E. A.、Bono J. E.，2003）于 2003 年编制的核心自我评价（CSES）量表的基础上改编的。该量表共 12 个项目（6 个正向项目和 6 个反向项目），包含"我坚信自己能够取得应有的成功"等题项，许多学者的研究都表明该量表允许测量的文化跨度较大，文化适应性强，完全可以用来测量我国情境下的核心自我评价。目前我国学者对于核心自我评价的研究一般都采用 CSES 量表测量。但经过对国内研究核心自我评价变量的文献梳理，有研究表明，CSES 的 12 个题项不能同时负荷在一个共同因素上。杜建政、张翔等（2007）在以企业员工和大学生为研究样本的研究中发现，CSES 量表的 12 个题项中只有 10 个可以负荷在同一因素上，因此确定 10 个题项组成最终量表。本书采用杜建政等修订的量表，该量表共 10 个题项。该部分问卷采用李克特五点计分法，选项从"1 完全不符合""2 不完全符合""3 一般"到"4 符合""5 完全符合"依次计 1~5 分，整个量表分数相加，分数越高者核心自我评价就越高。

### 四、假设检验

#### （一）核心自我评价的调节作用检验

由表 6-1 可知，新氛围量表效度良好；核心自我评价量表的 KMO 测试系数为 0.918，在 KMO 大于 0.5 的范围内，符合因子分析条件。Bartlett 球形检验统计值显著性概率为 0.000，在 0.001 的显著水平上显著，表明核心自我评价量表效度良好。

表 6-1 核心自我评价的 KMO 和 Bartlett 球形检验结果

|  |  | 核心自我评价 |
| --- | --- | --- |
| 取样足够度的 Kaiser-Meyer-Olkin 度量 |  | 0.918 |
| Bartlett 球形检验 | 近似卡方 | 3013.639 |
|  | df | 45 |
|  | Sig. | 0.000 |

### (二) Pearson 相关系数分析

Pearson 相关系数用于衡量变量之间的相关性,相关系数的绝对值一般在 0~1 间。判定变量间相关标准为:0.0~0.2 为极弱相关性或无相关;0.2~0.4 为弱相关;0.4~0.6 为中等程度相关;0.6~0.8 为强相关;0.8~1.0 为极强相关。相关系数为正数说明变量关系正相关,相关系数为负数说明变量关系负相关。如表 6-2 所示。

表 6-2 组织创新氛围、员工创新行为与核心自我评价的相关分析

|  |  | 同事支持 | 主管支持 | 组织理念 | 资源供应 | 任务特征 | 员工创新行为 | 核心自我评价 |
| --- | --- | --- | --- | --- | --- | --- | --- | --- |
| 同事支持 | Pearson 相关性 | 1 |  |  |  |  |  |  |
| 主管支持 | Pearson 相关性 | 0.907** | 1 |  |  |  |  |  |
| 组织理念 | Pearson 相关性 | 0.873** | 0.911** | 1 |  |  |  |  |
| 资源供应 | Pearson 相关性 | 0.841** | 0.868** | 0.921** | 1 |  |  |  |
| 任务特征 | Pearson 相关性 | 0.853** | 0.844** | 0.868** | 0.903** | 1 |  |  |
| 员工创新行为 | Pearson 相关性 | 0.826** | 0.828** | 0.836** | 0.851** | 0.909** |  |  |
| 核心自我评价 | Pearson 相关性 | 0.783** | 0.788** | 0.811** | 0.790** | 0.813** | 0.838** | 1 |

注:** 表示 $P < 0.01$,* 表示 $P < 0.05$,$N = 230$。

表 6-2 显示,组织创新氛围中的同事支持维度与员工创新行为的相关系数为($r=0.826$,$P<0.01$)、主管支持维度为($r=0.828$,$P<0.01$)、组织理念维度为($r=0.836$,$P<0.01$)、资源供应维度为($r=0.851$,$P<0.01$)、任务特征维度为($r=0.909$,$P<0.01$),各维度与员工创新行为的相关性系数都为正,且

都大于 0.82。由此可知，这五个维度与员工创新行为均显著正相关。说明组织创新氛围与员工创新行为显著正相关。

## 五、核心自我评价的调节作用检验

Pearson 相关分析只能说明变量间关系的密切程度以及相关方向，无法解释变量的因果关系。鉴于此，本节将基于上节的结果，通过回归分析进一步讨论核心自我评价的调节作用。

本节运用 SPSS19.0 在回归分析模型中依次加入自变量组织创新氛围的五个维度（同事支持、主管支持、组织理念、资源供应、任务特征），具体分析如下：

由前文假设可知，本书要验证核心自我评价在组织创新氛围及其五个维度对员工创新行为的影响关系的调节作用。本节回归的目的是验证以上假设。通过查阅回归分析文献，有学者建议要对进入回归模型的所有变量进行中心化处理，理由是减弱共线性。然后将中心化后的各变量中自变量以及各维度与调节变量相乘形成交互项。上一节已经对性别、年龄、工作年限、学历、职位等控制变量进行了检验，结果均与员工创新行为不相关，因此本节无须将各控制变量引入回归方程。回归的具体分析步骤如下：

表 6-3　核心自我评价、同事支持与员工创新行为的回归分析

| 变量 | 模型 1 | | | 模型 2 | | | 模型 3 | | |
|---|---|---|---|---|---|---|---|---|---|
| | | t | Sig. | | t | Sig. | β | t | Sig. |
| 同事支持 | 0.822 | 25.254 | 0.000 | 0.437 | 9.936 | 0.000 | 0.347 | 7.168 | 0.000 |
| 核心自我评价 | | | | 0.556 | 11.183 | 0.000 | 0.521 | 10.580 | 0.000 |
| 交互项 | | | | | | | -0.126 | -3.978 | 0.000 |
| $R^2$ | 0.683 | | | 0.777 | | | 0.789 | | |
| 调整 $R^2$ | 0.682 | | | 0.776 | | | 0.787 | | |
| F 值 | 637.764 | | | 515.064 | | | 365.908 | | |

　　第一步，将同事支持、主管支持、组织理念、资源供应、任务特征引入回归方程，建立模型 1；

　　第二步，在回归方程中加入调节变量核心自我评价，建立模型 2；

　　第三步，将自变量中的同事支持、主管支持、组织理念、资源供应、任务特征的中心化与调节变量核心自我评价乘积项引入回归方程，建立模型 3。

　　如表 6-3 所示，分别将同事支持、核心自我评价、两者的交互项加入模型后显示：在回归方程中仅加入同事支持 $R^2$ 为 0.683，调整 $R^2$ 值是 0.682，可解释模型总变异量的 68.2%，同时 F 值为 637.764 并且达到显著水平；同时加入同事支持和核心自我评价 $R^2$ 增加为 0.777，调整后的可决系数为 0.776，可解释模型总变异量的 77.6%，结果显示 F 值为 515.064，并且达到显著性水平；模型加入交互项后 $R^2$ 增加到 0.789，调整 $R^2$ 值为 0.787，可解释模型总变异量的 78.7%。F 值为 365.908，在 0.001 的显著水平上通过检验。组织创新氛围的同事支持维度与核心自我评价的交互项的标准化回归系数为 -0.126 并通过显著性检验，表明工作中同事支持对核心自我评价低的员工，相较于核心自我评价高的员工更能对其创新行为产生影响。表明核心自我评价在同事支持和员工创新行为之间起调节作用，H2a 得到证实。

表 6-4　核心自我评价、主管支持与员工创新行为的回归分析

| 变量 | 模型 1 | | | 模型 2 | | | 模型 3 | | |
|---|---|---|---|---|---|---|---|---|---|
| | | t | Sig. | | t | Sig. | β | t | Sig. |
| 主管支持 | 0.804 | 25.428 | 0.000 | 0.429 | 9.903 | 0.000 | 0.322 | 7.080 | 0.000 |
| 核心自我评价 | | | | 0.551 | 10.974 | 0.000 | 0.497 | 10.134 | 0.000 |
| 交互项 | | | | | | | -0.173 | -5.607 | 0.000 |
| $R^2$ | 0.686 | | | 0.777 | | | 0.799 | | |
| 调整 $R^2$ | 0.685 | | | 0.775 | | | 0.796 | | |
| F 值 | 646.589 | | | 513.960 | | | 388.467 | | |

　　运用 SPSS 19.0 分别将主管支持、核心自我评价、两者的交互项加入模型中，结果如表 6-4 所示：在回归方程中仅加入主管支持时 $R^2$ 为 0.686，调

整 $R^2$ 值为 0.685，可解释模型总变异量的 68.5%，同时显示其 F 值为 646.589 并且达到显著性水平；在回归方程中同时加入主管支持和核心自我评价 $R^2$ 增加为 0.777，调整后的可决系数为 0.775，可解释模型总变异量的 77.5%，且结果表明其 F 值为 513.960，并且达到显著性水平；在模型中加入交互项 $R^2$ 增加到 0.799，调整 $R^2$ 值变化到 0.796，可解释模型总变异量的 79.6%，同时发现其 F 值为 388.467，并且达到显著性水平。组织创新氛围的主管支持维度与核心自我评价的交互项的标准化回归系数为-0.173 并且在 0.001 的显著水平上通过显著性检验，表明主管支持对核心自我评价低的员工，相较于核心自我评价高的员工更能对其创新行为产生影响。表明核心自我评价在主管支持和员工创新行为之间起调节作用，H2b 得到证实。

分别往回归方程中加入组织理念、核心自我评价以及两者的交互项，如表 6-5 所示，结果显示：仅在模型中加入组织理念时 $R^2$ 为 0.699，调整 $R^2$ 值为 0.698，可解释模型总变异量的 69.8%，同时显示其 F 值为 686.334 并且达到显著性水平；在回归方程中同时加入组织理念和核心自我评价 $R^2$ 增加为 0.774，调整后的可决系数为 0.772，可解释模型总变异量的 77.2%，同时发现其 F 值 505.122，并且达到显著性水平；在模型中加入交互项 $R^2$ 增加到 0.799，调整 $R^2$ 值变为 0.797，可解释模型总变异量的 79.7%，同时发现其 F 值为 389.985，并且达到显著性水平。组织创新氛围的组织理念维度与

表 6-5　核心自我评价、组织理念与员工创新行为的回归分析

| 变量 | 模型 1 | | | 模型 2 | | | 模型 3 | | |
|---|---|---|---|---|---|---|---|---|---|
| | | t | Sig. | | t | Sig. | β | t | Sig. |
| 组织理念 | 0.818 | 26.198 | 0.000 | 0.446 | 9.634 | 0.000 | 0.312 | 6.649 | 0.000 |
| 核心自我评价 | | | | 0.527 | 9.914 | 0.000 | 0.471 | 9.216 | 0.000 |
| 交互项 | | | | | | | −0.197 | −6.072 | 0.000 |
| $R^2$ | | 0.699 | | | 0.774 | | | 0.799 | |
| 调整 $R^2$ | | 0.698 | | | 0.772 | | | 0.797 | |
| F 值 | | 686.344 | | | 505.122 | | | 389.985 | |

核心自我评价的交互项的标准化回归系数为–0.197并且在0.001的显著水平上通过显著性检验，表明组织理念对与核心自我评价低的员工，相较于核心自我评价高的员工更能对其创新行为的产生影响。表明核心自我评价在组织理念和员工创新行为之间起调节作用，H2c得到证实。

运用SPSS 19.0分别将资源供应、核心自我评价、两者的交互项加入模型中，结果如表6-6所示：仅在模型中放入资源供应结果显示模型$R^2$值为0.723，调整$R^2$值为0.722，可解释模型总变异量的72.2%，同时显示其F值为773.980并且达到显著性水平；在回归方程中同时加入资源供应和核心自我评价$R^2$增加为0.797，调整后的可决系数为0.796，说明其可解释模型总变异量的79.6%，同时显示其F值为579.088，并且达到显著性水平；在回归方程中加入交互项资源供应×核心自我评价结果显示$R^2$增加到0.830，调整$R^2$值为0.828，可解释模型总变异量的82.8%。同时发现其F值为477.094，并且达到显著性水平，组织创新氛围的资源供应维度与核心自我评价的交互项的标准化回归系数为–0.241，并且该系数在0.001的显著性水平上通过了显著性检验。表明资源供应对于核心自我评价低的员工，相较于核心自我评价高的员工更能对其创新行为产生影响。表明核心自我评价在资源供应和员工创新行为之间起调节作用，H2d得到证实。

表6-6　核心自我评价、资源供应与员工创新行为的回归分析

| 变量 | 模型1 | | | 模型2 | | | 模型3 | | |
|---|---|---|---|---|---|---|---|---|---|
| | | t | Sig. | | t | Sig. | β | t | Sig. |
| 资源供应 | 0.779 | 27.820 | 0.000 | 0.458 | 11.695 | 0.000 | 0.386 | 10.360 | 0.000 |
| 核心自我评价 | | | | 0.498 | 10.344 | 0.000 | 0.354 | 8.617 | 0.000 |
| 交互项 | | | | | | | –0.241 | –7.499 | 0.000 |
| $R^2$ | 0.723 | | | 0.797 | | | 0.830 | | |
| 调整$R^2$ | 0.722 | | | 0.796 | | | 0.828 | | |
| F值 | 773.980 | | | 579.088 | | | 477.094 | | |

依次将自变量任务特征维度、调节变量核心自我评价以及两者的交互项

加入模型中，如表 6-7 所示，结果为：仅在模型中放入任务特征，结果显示模型 $R^2$ 值为 0.826，调整 $R^2$ 值为 0.825，可解释模型总变异量的 82.5%，同时显示其 F 值为 1405.641 并且达到显著水平；在回归方程中同时加入任务特征和核心自我评价 $R^2$ 增加为 0.855，调整 $R^2$ 值是 0.854，说明其可解释总变异量的 85.4%，同时显示其 F 值为 870.568，并且达到显著水平；在模型中加入交互项任务特征×核心自我评价发现 $R^2$ 增加到 0.871，调整 $R^2$ 值变为 0.869，可解释模型总变异量的 86.9%。同时发现其 F 值为 659.281，并且达到显著性水平，组织创新氛围的任务特征维度与核心自我评价的交互项的标准化回归系数为 -0.160，并且该系数在 0.001 水平上显著，说明该系数已经通过了显著性检验。表明任务特征对于核心自我评价低的员工，相较于核心自我评价高的员工更能对其创新行为产生影响。表明核心自我评价在任务特征和员工创新行为之间起调节作用，H2e 得到证实。

**表 6-7　核心自我评价、任务特征与员工创新行为的回归分析**

| 变量 | 模型 1 | | | 模型 2 | | | 模型 3 | | |
|---|---|---|---|---|---|---|---|---|---|
| | | t | Sig. | | t | Sig. | β | t | Sig. |
| 任务特征 | 0.932 | 37.492 | 0.000 | 0.688 | 17.607 | 0.000 | 0.633 | 16.597 | 0.000 |
| 核心自我评价 | | | | 0.330 | 7.693 | 0.000 | 0.246 | 5.772 | 0.000 |
| 交互项 | | | | | | | -0.160 | -5.929 | 0.000 |
| $R^2$ | 0.826 | | | 0.855 | | | 0.871 | | |
| 调整 $R^2$ | 0.825 | | | 0.854 | | | 0.869 | | |
| F 值 | 1405.641 | | | 870.568 | | | 659.281 | | |

运用 SPSS 19.0 分别将组织创新氛围、核心自我评价、两者的交互项加入模型中，结果如表 6-8 所示：第一步仅加入自变量组织创新氛围，$R^2$ 值为 0.799，调整 $R^2$ 值是 0.798，可解释模型总变异量的 79.8%，同时发现其 F 值为 1174.174，并达到显著性水平；在回归方程中同时加入组织创新氛围和核心自我评价 $R^2$ 增加为 0.825，调整后的可决系数为 0.824，可解释模型总变异量的 82.4%，同时发现其 F 值为 697.307，并达到显著性水平；在模型 3

中增加交互项组织创新氛围×核心自我评价结果发现模型的 $R^2$ 增加到 0.839，此时调整 $R^2$ 变为 0.837，说明此时可解释模型总变异量的 83.7%。同时发现其 F 值为 509.510，并且达到显著性水平，组织创新氛围与核心自我评价的交互项的标准化回归系数为–0.149，并且该系数在 0.001 水平上显著，说明，该系数已经通过了显著性检验。表明组织创新氛围对于核心自我评价低的员工，相较于核心自我评价高的员工更能对其创新行为产生影响。表明核心自我评价在组织创新氛围和员工创新行为之间有调节效应，H2 得到证实。

**表6-8 核心自我评价、组织创新氛围与员工创新行为的回归分析**

| 变量 | 模型 1 | | | 模型 2 | | | 模型 3 | | |
|---|---|---|---|---|---|---|---|---|---|
| | | t | Sig. | | t | Sig. | β | t | Sig. |
| 组织创新氛围 | 0.917 | 34.266 | 0.000 | 0.659 | 14.389 | 0.000 | 0.558 | 11.477 | 0.000 |
| 核心自我评价 | | | | 0.337 | 6.722 | 0.000 | 0.301 | 6.158 | 0.000 |
| 交互项 | | | | | | | – 0.149 | –4.920 | 0.000 |
| $R^2$ | 0.799 | | | 0.825 | | | 0.839 | | |
| 调整 $R^2$ | 0.798 | | | 0.824 | | | 0.837 | | |
| F 值 | 1174.174 | | | 697.307 | | | 509.510 | | |

# 第四节 研究结果

假设检验结果汇总如表 6-9 所示。

**表6-9 假设检验结果汇总**

| H2a | 核心自我评价在同事支持与员工创新行为之间起调节作用 | 支持 |
|---|---|---|
| H2b | 核心自我评价在主管支持与员工创新行为之间起调节作用 | 支持 |
| H2c | 核心自我评价在组织理念与员工创新行为之间起调节作用 | 支持 |

| H2d | 核心自我评价在资源管理与员工创新行为之间起调节作用 | 支持 |
|---|---|---|
| H2e | 核心自我评价在任务特征与员工创新行为之间起调节作用 | 支持 |
| H2 | 核心自我评价在组织创新氛围与员工创新行为之间起调节作用 | 支持 |

基于特质激活理论探究核心自我评价调节组织创新氛围对员工创新行为作用。除此之外，基于文献研究方法，结合以往学者研究提出假设探讨组织创新氛围、核心自我评价和员工创新行为的关系。通过对上文研究结论的总结，发现组织创新氛围与员工创新行为显著正相关。核心自我评价调节组织创新氛围及其五维度和员工创新行为的关系中，核心自我评价低的员工比核心自我评价高的员工更容易受到组织创新氛围的影响做出创新行为。

探讨核心自我评价的调节效应时采用回归分析，结果表明，核心自我评价调节同事支持与员工创新行为的关系，主管支持与员工创新行为的关系，组织理念与员工创新行为的关系，资源供应与员工创新行为的关系，任务特征与员工创新行为的关系。并且将核心自我评价、组织创新氛围与员工创新行为三个变量放入回归模型中发现，核心自我评价调节组织创新氛围与员工创新行为的关系。说明核心自我评价在自变量组织创新氛围及其各维度与因变量员工创新行为之间均有调节效应。

核心自我评价强调的是员工个体对自身能力的评价，是对自己认可或者充满信心的一种肯定。企业对员工核心自我评价的关注和培养可能会对组织员工做出更多的创新行为有着重要的意义。企业建立健全的创新奖励机制可以对员工表现出的创新行为进行积极的肯定，让员工在实现创新时得到全面的肯定，从而可以让员工在每次的进步中提升对自己的评价（核心自我评价）。另外，在培训和组织氛围的营造中，有意识地帮助员工树立积极向上的心态，使员工自身在进行创新或者工作时可以给予自己更多的肯定和认同。同时，建立健全的员工自我评价体系，让组织和员工都能更进一步地了解自己并作出相应的改进。

# |第七章|
# 组织创新氛围与创新人才培养案例分析

## 第一节　研究目的

世界经济格局转变迫使各国不得不进行转型以适应日益激烈的竞争环境。在转型过程中，国家要想谋求发展，在国际大国中脱颖而出，就必须不断创新。创新作为发展的驱动力备受国家关注，在第十七次中国科学院院士大会上，习近平总书记引用《礼记·大学》"苟日新，日日新，又日新"的名言，强调我国必须坚定不移创新，加快创新型国家的建设步伐。改革开放彻底打开了我国与世界的通路，我国经济由此发生翻天覆地的变化。

自由开放的经济与广泛的信息交流使得我国在短期内迎来了经济发展的高潮，同时也带了巨大的挑战。开放的市场经济吸引了无数的外资企业进驻中国，给国内企业带来了极大的压力，使其处在一个两面夹击的环境中。国内企业雨后春笋般纷纷冒出，国外企业纷至沓来，使得企业无形间增加了压力，对内要面对国内同行企业的竞争，对外要应对来自发达国家的大型跨国企业的竞争。如此境况，我国企业要想找到突破口，在激战中存活并谋求发展，唯有创新才是出路。创新不仅是国家发展的基点，同样也是企业发展力量来源，企业应把创新当作发展的手段，把员工的创新能力当作发展的资源，砥砺前行。

我国正处于经济转型的关键时期，企业面临极大的挑战，组织创新刻不容缓。组织创新政策归根结底都会由组织职员去执行，员工的创新与组织的创新相辅相成，员工创新很大程度上推动组织创新发展。由此，组织激励员工积极创新极其必要。社会认知理论认为，个体行为受到环境因素的影响，组织创新氛围作为组织特定的内部环境，研究其对员工创新行为的影响有一定意义。在当前国家倡导创新的环境下，许多学者已经开始专注研究组织创新氛围和员工创新行为的相互关系，但其两者之间如何作用还不明确。因此，本书引入人格特质——核心自我评价，试图打开组织创新氛围与员工创新行为相互作用关系的"黑箱"。

经济转型给我国装备制造等行业带来机遇和挑战，企业必须提升技术创新能力和创新绩效才能立足。企业的技术创新能力不足使得整个产业绩效低，缺乏竞争力。因此，本书拟选取创新企业的案例分析，从行为观点建立一个关于实践导向的创新人才培养策略、人力资源管理活动与自我更新的组织创新氛围间的联系框架，识别其中各管理策略的构件内容，并寻找有利于建立组织创新氛围、推动员工创新行为、提升创新人才培养和发展效果的组织管理模式，以作为本书实证分析的验证、扩展和补充。

本章中主要采用案例分析法来研究组织创新氛围与创新人才培养之间的管理策略，通过分析企业的组织创新氛围对创新人才培养的影响关系，从而在企业资源管理过程中采用实践性有效措施促进创新人才培养，旨在为企业创新人才培养提供理论支撑和实践参考。本章内容主要包含以下几方面：①主要讨论个体创新过程和创新人才能力的构成模型，从而为后文奠定理论基础；②介绍了案例企业的发展背景和近况，分析案例公司在组织创新氛围视角下所采用的创新人才培养策略；③对企业创新人才培养的策略和组织创新实践过程进行分析。

# 第二节 理论构建

## 一、个体创新微观过程与创新人才能力构成模型

### (一) 个体创新活动的微观过程

Csikszentmihalyi（1990）在其创新系统模型中提出创新是一个复杂的过程，主要涉及个人、学科域和工作域三者之间的互动，创新个人需要经过观念、想法的酝酿、产生，知识和技能引入、应用以及构思形成和实践等一系列动态化的复杂智力活动。Amabile（1996）提出了个体创新活动的分析架构，如图 7-1 所示。当个体在受到外在或内在的刺激时，即确定了相关任务和问题之后，这也是创新的关键环节，个体相关信息和反映程序逻辑储存会被相应地激活和建立，进而运用自身能力、技术和经营搜寻记忆与环境中产

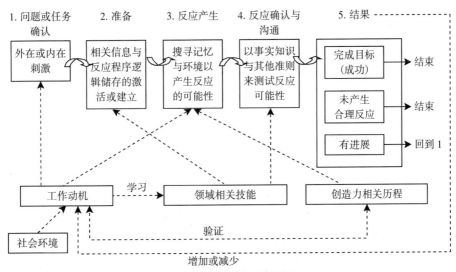

**图 7-1 个体创新活动框架**

生的最佳可能性，这一过程建立在发现问题、思考和探索问题的系统过程基础上，个体的创造力反映出个体运用各种智力品质的综合能力和素质，是企业得以创新发展的关键。

**（二）基于能力识别的创新能力构成模型**

基于创新过程的微观分析和相关文献的总结，我们构建出以能力识别为中心的个体创新能力构成模型，如图 7-2 所示。借鉴 Tumer（2005）的思路和方法，我们从"属性能力"和"绩效能力"两者出发，将创新人才能力划分为个体元能力、任务投入能力、任务产出能力 3 种能力单元。个体元能力是基于个体认知风格和个性特征所形成的，是个体与创造性任务过程之间相匹配的个体心理和行为特征，个体之间的元能力各不相同；相关领域的知识与技能、经验和经历决定了与创新性任务相关的理论知识、技术技能和独特见解等能力积累，从而构成了任务投入能力；基于绩效的能力元素产生与创新任务期望绩效对比引致的专业能力评价，从而构成了任务产出能力。

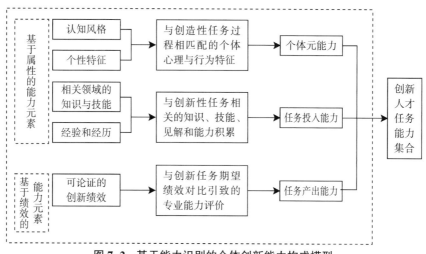

**图 7-2　基于能力识别的个体创新能力构成模型**

## 二、基于任务参与的创新人才培养策略

问题解决是创新实践活动的重要方面，专业人员依赖问题解决技能处理

越来越多的非结构任务（Lohman，2002）。相关文献表明，通过解决问题的实践和启发，通常能够形成相应的知识性经验，而这种知识经验会使员工获得相关问题的解决和创造性能力。对复杂性的创新任务而言，创新过程中的隐性元素知识或架构知识，根植于独立个体或组织流程之中，具有非规范性和路径依赖性，只能通过参与活动中的观察、揣摩和实践，以个人体验的方式探悉。学习理论认为：解决复杂性问题的能力是在较多的实践和实验上建立起来的；专业技能的开发通常以工作中的问题作为学习工具（Maudsley，1999）。通过基于任务的行动学习，将个体置于真实的问题情境中去描述、确定和分析问题，产生和执行解决方案。如图 7-3 所示。

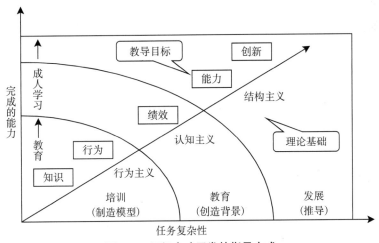

**图 7-3　组织人才开发的指导方式**

## 三、企业人力资源管理策略、组织创新氛围与创新人才培养

Gardner（1993）关于创造力的互动观点（Interactive Perspective）指出，创新过程存在着个人、他人及工作的三角互动，其中涉及个人的智力领域的发展层次、知识领域的发展层次与社会背景的互动领域层次的多样化内容。Schoenfeldt（1990）认为，组织创新过程是一个复杂的社会系统互动过程，其中涉及个人、团队以及社会脉络和情境因素的交互作用。由此可见，虽然

组织内创意的产生和创新的实现有时表现为相对独立的个体行为，但工作背景、组织策略、团队特征以及任务过程等因素会影响到个体创新和创新人才的个体成长。

Mumford（2002）研究认为，组织的管理行为和政策，如提供管理支持，对项目提供直接帮助，对下属技术专长的开发，提升下属的内在工作动机等都能促进组织创新氛围的形成，进而推动组织创新。Amabile（2004）研究发现，组织创新领导措施，如组织和管理激励、工作团队支持等总是与组织气氛的正向效应结合在一起的。TeSluk（1997）研究表明，组织创新氛围是一种个体对组织政策、实践和流程的认知，并将创新目标具体化为新产品和服务的开发和创意、流程再造以及从整体上提升组织创新能力的环境氛围。组织创新活动参与者会依据价值观和内在准则解释环境现象，个体的需求状态将部分地决定环境现象对个体的价值，基于这些价值观，个体对组织环境的某些认知，比如对创新的支持感的知觉会更为显著（James，1990）。因此，如果个体具有内在的创新需求，而组织的管理支持与此需求相互匹配，则个体会对环境的解释产生放大效应，形成创新氛围感知的正向反馈，进而调动起创新的积极状态，从而推动其创新行为，促进个体全面创新和实践能力的发展。West和Patterson（2003）研究认为，在个体和团队层次中，创新氛围的正向效应与创造、创新的行为水平密切相关。员工如果能够获得足够的创新资源，感觉到管理者的创新支持，他将受到激励，并利用其在工作中的影响力推动集体创新，不断增强自身的创新能力，反之，则将减弱创新动机（Janssen，2005）。由此可见，通过有效的创新管理和领导措施，建立起积极的组织创新氛围，发挥组织创新影响要素的协同作用，是组织促进个体创新及创新人才发展的重要策略。

## 四、企业创新人才培养理论基础

科技创新是一个个体、团队和组织因素的社会化交互过程。创新的实现依赖于不断增强创新者的创新技能，并在实践中充分挖掘其内在创新潜力。

目前，创新人才培养和开发国内方面的研究主要是从教育和激励层面进行的。江卫东（2000）认为，团队型的工作设计，符合创新任务的特性和创新员工工作要求，将有利于推动组织创新活动。俞晓军（2004）研究认为，尊重组织内创新参与者的工作自主性，增加其工作自由度，并提高其组织地位将有利于激发创新员工的工作热情。在组织创新支持和创新人才开发、激励方面，国外研究着重于以下 3 个层面的分析。

（1）人力资源管理策略推动。West（2004）指出，适当的 HR 政策和实践可以提高组织员工的整体创新能力，其中，通过人员甄选决定员工是否具有为组织作出独特贡献的创新品质和素质，组织引导和培训有助于与员工达成心理契约，并增强创新任务所需要的发现问题、创意分享和挑战现实的工作能力，提高其工作动机。Shipton 等（2003）的研究显示，提升创新人员知识技能多样性的实践、培训、引导与评估活动是组织技术产品创新的重要预测变量。

（2）知识传导和组织学习。MasciteUi（2000）强调了隐性知识分享和转移对技术创新的重要作用，他指出，管理层应该充分鼓励员工工作场所中的学习和任务参与，建立创新者勇于试验、承担风险的信心。Tam（2002）的调查表明，知识创新员工将伙伴间的学习看作是重要的学习渠道，对他们而言"做中学"和在职经验，是比传统学习方式如课堂培训更为重要的知识和信息获得渠道。

（3）组织创新氛围营造和管理支持。Bharadwaj（2000）特别强调了组织创新氛围对员工创新的重要作用，他研究指出，当员工对创新支持的感知更为显著时，将推动其进一步投入到创新相关活动中。Janssen（2005）研究表明，管理者支持对员工创新起到推动作用，如果员工能够获得充足的创新资源和获得更多成长发展的机会，将会促进其对管理者创新支持的感知，进而提高其创新工作动机。国外近期相关文献表明，组织创新型智力资本前沿研究的关注点已从创新个体的个人特质转向组织工作情境的环境支持因素以及推进工作场所创新活动的组织系统，在创新人才培养方面，本书更加关注多样化的组织策略和实践的协同和整合。

# 第三节　案例一：FL 电气设备公司

## 一、FL 公司的背景分析

FL 电气设备系统公司是世界十大汽车电气产品供应商 VA 集团与我国汽车行业龙头企业共同投资组建的合资公司，其生产的汽车电气产品，覆盖国内及亚太地区 OEM 配套的主流客户群。公司的发展定位是，本行业亚太地区电气系统产品的制造、应用和开发中心。公司现有员工 1200 人，其中涉及产品开发的工程技术人员有 220 余人，占人员总数的 20%，他们负责公司新产品项目的技术、工艺开发改进，质量保证以及服务支持工作。近年来，FL 公司保持了行业领先的研发业绩，他们为宝来、赛欧、三菱越野、金杯通用、杨子皮卡、赛宝等车型开发的电机电气配套系统在市场上的质量和业绩表现不俗，特别是针对凯悦汽车等韩国车型的电气系统开发取得了技术突破，赢得了配套厂商的高度赞赏，其产品市场占有率持续扩大。同时，其创新人员整体素质赢得了业界广泛的赞誉，其围绕研发项目的人才培养机制成效显著。

## 二、FL 公司围绕研发项目的创新人才培养与激励实践

FL 公司以参与研发项目为创新人才培养的基本载体，配合研发项目管理程序和组织创新管理实践，通过设置基于问题的知识共享和创造情境，将对创新人才的培训、指导、训练和人力资源开发紧密结合在一起，有效地提升了组织创新氛围，增加了组织创新型智力资本的价值和企业的技术创新能力。本书对其围绕研发项目的创新人才培养与激励模式进行归纳，如图 7-4

所示，在研发项目的启动、计划、实施与控制，以及验收、结束等阶段，组织通过管理层的资源支持，项目团队的集群配置，问题求助机制设置，项目过程跟踪与能力考评，多层次的培训与创新导向的绩效评估与激励策略，将企业创新人才培养、开发与研发项目的标准化流程推进紧密结合在一起。同时，公司通过塑造创新、参与导向的企业文化，创新人才管理职责的界定，团队内、外的沟通和学习机制，研发人才间的师徒关系联结，创造力员工甄选和人才发展路径的客户化定制，为组织创新活动和创新人才开发提供了组织创新氛围和创新支持环境背景。

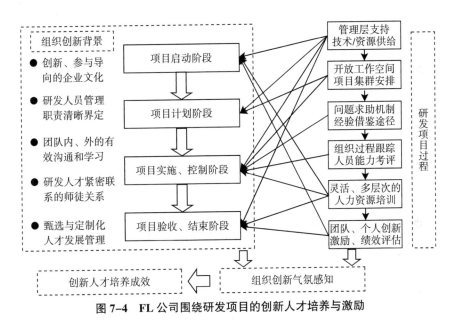

**图 7-4　FL 公司围绕研发项目的创新人才培养与激励**

对 FL 公司而言，新产品开发的过程也是创新人才的培养学习、能力开发的同步过程。研发项目成员个体技能和经验的互补性，以及任务本身的协同性推动参与者间的知识传递和吸收，并推动了创新过程的"审思"活动。"审思"是指发生于团队内部和团队之间，关于特定主题（Topic）或问题（Issue）的反思和多维信息沟通过程（Pava，1993）。研发参与者通过"做中学""用中学"等训练方式逐步提升胜任创新性任务所需要的行业能力和职业能力。

# 第四节　案例二：BA 通信设备公司

## 一、BA 公司的背景分析

BA 企业是全球知名通信设备制造供应商与中国国有通信企业共同投资组建的合资公司，总资产 150 亿元以上，现有员工 6000 多人，平均年龄 29 岁，80%的员工具有大学本科以上学历，拥有硕士和博士 960 多名，其中研发人员 2000 余人。公司自成立以来，发展十分迅速。BA 公司十分重视创新和研发工作，每年投入 1 亿多美元，分 3 个层面推进技术创新工作，即战略研究、前瞻性技术研究和应用产品研究。由于通信行业产品周期短，技术发展快，公司十分注重培养和锻炼一支优秀的研发队伍，其配套的人力资源开发措施和管理实践也颇具特色。

## 二、BA 公司围绕研发活动的创新人才培养与激励实践

### （一）建立网络交叉研发平台，推动动态研发团队有效运作

公司建立了跨领域的网络型研发运作平台，形成了以项目团队为核心的矩阵式研发运作构架，如图 7-5 所示。在项目运作中，研发成员彼此协调、平衡团队任务过程中不同成员的任务负担和工作压力，通过协作互动达到知识技能整合和增效。系统研发平台上有若干研发团队并行运作，公司鼓励不同创新团队间的桥接、协作以及竞争、互动，从而形成一种平台项目集群创新驱动力。

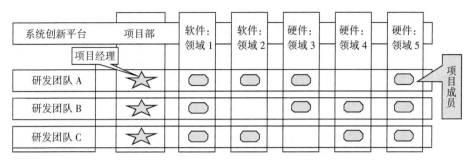

图7-5　BA公司技术研发网络平台组织构架

## （二）建立自主工作环境，推动组织内部交流与沟通

在研发活动中，组织和团队赋予成员高度的工作自治性和决策参与权，增强研发运作中的人性化、柔性化和多元化，同时也要求团队成员对团队核心流程的相关环节承担责任。公司致力于建立知识分享的组织氛围和文化。研发人员经常就新想法和创意进行讨论，定期进行信息分享；事业部也经常举办座谈会、讲座；在系统平台上的咖啡吧（Coffee bar），经常有人将新的见解、创意写在墙上；在公司内的看板上，可以看到"大家应该有勇气指出错误"一类的口号。公司鼓励员工张扬个性，并积极营造自由舒适的工作氛围。组织常常通过正式和非正式的活动，增强员工向心力，培养团队合作默契，进而激发创意。企业内建立的各种俱乐部，如网球俱乐部、游泳俱乐部、射击俱乐部、汽车俱乐部、法语俱乐部等，不但为大家提供了发展兴趣爱好的机会，也建立了相互了解、加强沟通的非正式渠道。

## （三）以全面报酬制度吸引、激励和留用人才

公司十分重视研发人员的需求，如薪酬、福利等是否得到满足。组织认为福利政策是公司整体竞争战略的一个重要组成部分，吸引人才，激励人才，为员工提供一个自我发展、自我实现的优良环境是公司福利的目的。与其他员工相比，研发人员在薪资分配上占有优势，核心研发人员在薪资总额中所占比重较大。在研发人员薪酬确定上，公司依据3P+2M原则，即员工绩效（Performance）、岗位职责（Position）和个人能力（People），并参照行业市场（Industry market）和人才市场（Talent market）的情况制定，其具体

的薪酬数量与技术级别、创新绩效挂钩。公司鼓励员工申请专利，并设立了专利奖励基金激励员工的创新设计和专利申请。公司提倡全面报酬的薪资制度，具体涵盖员工工资、绩效奖金、保险和各种公司基金，补贴福利和培训、发展机会等，以回馈员工的贡献，吸引、激励和挽留人才。

### （四）以对创新人才的分类管理激发组织创新

目前，公司的科技创新战略是市场驱动和技术驱动双线并行，他们将创新研发工作划分为 3 个类别，即一般产品研发、中期产品研究，以及着眼于长期的前瞻性技术研究。前者是市场导向的创新，主要满足市场当前的或近期需要，由各个事业部负责；后者属于技术驱动的原创性创新，由于技术要求高，由公司级的研究与创新中心负责；中间部分则是两者的结合应用。对于一般产品和中期产品研发，公司执行"自上而下"的创新模式，即市场上出现了客户的技术、产品需求，组织捕捉市场脉搏，制订研发创新计划，并落实到团队和个人，从而能够在较短的时间内推出技术领先的创新产品，这是公司大多数研发人员的主要任务。对于定位于原始创新目标的前瞻研发活动，组织实行一种基于"松散管理"的自下而上的研发模式。公司在 R&D 活动中人力资源管理的重要工作是识别这些关键创新者，并给予相应的管理政策倾斜，其中包括，注意保持他们的知识、技能的前沿性，进行技术扫描，将其作为公司技术看门人的潜在培养对象，加大对其管理考核的灵活性，使其没有在短时间内获取成果的压力，建立基于创新绩效的长期激励系统等。

### （五）重视企业创新愿景和组织文化建设

BA 公司战略规划确定了"能力打造年"，目标是确立公司在全球研发体系中关键产品领导研发的地位，增强对业内高级人才的吸引力，坚持倚重员工的敬业与创新精神，全力打造具有综合竞争能力的国际化中国公司。"激活组织""鼓励创新"和"促进全面和谐的增长"成为当前公司面临的基本任务。因此，在保证充足的研发经费和先进的研发设施、强化和革新研发管理的基础上，公司将打造一支支团结自信、善于学习、勇于创新的研发团队作为提升组织创新能力的支点。基于这样的任务和目标，公司确立了革新挑战、客户至上、勇于创新、团队合作与尽职尽心的核心价值观，并在全公司内推行容忍风险、鼓励学习、允许犯错误的开放型企业文化，由企业领导者亲自推动宣传，在组织中营造起了显著的创新氛围。

## 三、BA公司案例小结

如表7-1所示，BA公司通过在组织文化、组织结构、资源支持、政策与领导、行政影响、工作设计等方面的组织策略和管理制度，为组织创新活动和创新人才开发提供了组织创新支持性环境和背景。组织成员所处的工作环境对创新的激励程度越高，创新活动可运用的资源越多，组织创新管理策略越适当，则员工的创新支持感知就会越强，组织创新氛围越显著，从而导致了较高的研发创新效率和组织整体创新水平。

**表7-1 BA公司围绕研发活动的创新人才培养策略实践**

| 策略层面 | 具体做法与实践 |
|---|---|
| 招募与甄选 | 胜任力基础：项目经理重资质、领导力，研发成员重特质、研究兴趣、专业能力、潜力、自信心；研发人才结构的多元化；员工与公司价值观的匹配；人员特质测评，内部员工举荐，用人单位面谈 |
| 训练与开发 | 灵活、多层次的培训，学历教育，技术认证；员工培训项目的自主定制；大规模的培训、开发预算，人均受训时间的规定；外部技术合作，自我学习项目；研发人员培养导师制度，专业发展咨询 |
| 绩效管理 | 强调胜任力基础，2W1H的绩效考核主线；自我报告与管理层评估、反馈相结合；注重专利、论文数量和互助行为的考核；强调贡献、影响力和能力的平衡；绩效辅导和开发；培训、训练评估；重视团队合作；资深专家人才培养任务的兼顾 |
| 奖酬制度 | 重视研发员工的工作满足感；建立自我发展、自我实现的组织环境；以技术级别、创新绩效为基础的薪资体系，薪资确定的3P+2M原则；科研评比表彰，对技术专利的奖励；研发人员在薪资分配比重上的倾斜；技术专家的荣誉身份制度；实施全面报酬制度 |
| 管理导向与组织文化 | 组织创新战略规划的支持，公司领导者的创新鼓励，组织价值观导向，鼓励创新的文化建设，终身学习的理念，设立增强对高级人才吸引力的目标 |
| 人才发展 | 提供挑战性的工作；研发项目参与的双向选择；建立国际人才流动计划，国际化研发轮岗；实施内部升迁制度，扩展双阶梯晋升渠道，建立OPR系统；识别、使用关键创新员工，技术守门人接班计划 |

| 策略层面 | 具体做法与实践 |
|---|---|
| 研发工作设计 | 建立交叉网络型研发平台；平台 HR 经理管理支持；促进研发团队间的竞争、互动；强调自治，明确授权的扁平化管理；权力距离低，沟通渠道畅通 |
| 组织学习与人际交流 | 研发团队、研发平台的交流制度，团队间的桥接、协作；设置咖啡吧和非正式组织俱乐部；聘请外部师资，跨国、跨企业的合作研发；扩展外部知识联系，国际同行的双向流动，帮助员工接触科技前沿；跨国创新团队的组建；促进组织内部知识、技能的传承与整合 |
| 资源提供与创新策略实施 | 提供充足的研发经费和先进的研发设施；市场驱动和技术驱动创新双线并行；不同创新类型的分类管理与分层落实；"自上而下"与"自下而上"的双向创新相结合；对原始型创新的"松散式管理"，对少数关键创新人才的政策倾斜 |

# 第五节　企业创新人才培养方案

## 一、培育目标

### (一) 增强创新意识

认为自己可以创新的信心能够有效推动员工将创新思想转化为行动，在工作中发现问题，寻求改变。因此，在培育过程中要不断树立人人可以创新的理念，将创新真正地应用于生产生活中。去掉不愿创新、不想创新的顽固思想，树立创新可以促发展，创新可以促改革，创新可以促进步的思想大旗。除此之外，要逐步增强创新意识，培养发现问题的能力，在问题发生时尽量使用创新的思维进行思考，以发展的眼光看问题，形成企业内部创新思想大潮，在工作中积极提问，大胆猜想，形成事事想着创新的思维习惯。

### (二) 掌握创新方法的理论和应用技能

创新方法是科学思维、方法和工具的总称，是对创新内部科学规律的准确把握，是创新核心知识的方法论体现，是创新的催化剂。创新方法可以在企业日常生产中解决产业面临的技术问题，可以有效地提高效率，降低风险，增大产能。在培训中加入创新方法的理论内容对企业员工创新能力的培育具有重要意义，可以在一定程度上增强员工的创新意识，提供创新思考的路径，为创新指明方向。因此，要使员工熟悉掌握创新方法的理论知识，清楚所学创新方法的适用领域及使用方法，从中领悟创新的规律性和指导性。从而在创新时，能够形成方法先行，理论前驱的习惯，用科学的途径解决业务问题，消除思维僵化、思维惯性的存在。如果只是对理论开展学习，没有在实际应用中延伸，那么理论知识将会成为空中之云，没有现实根基，失去存在的意义。因此，创新方法必须要与实际应用相结合，在具体工作中立根，将纯粹的知识转化为技能投放在问题的解决上。所以，创新方法的学习除了要学习知识，还要掌握技能，真正地将理论与实践相结合，方法与技能相结合，做到以理论知识为导向，以应用技能为桥梁，将创新做到实处，进而取得现实成果。

### （三）提高创新绩效

不管是提高企业竞争力，提高员工整体素质，还是其他内容的企业培训，最后都要落脚于增大绩效的产出上。在创新意识引领，创新方法指导的前提下，增大企业创新绩效是组织员工创新能力培训的根本目的。通过对创新知识的学习，发现产品的改善方向，利用所学路径找到问题的症结点，获得新产品，投放市场，获得经济效益。

## 二、培养原则

### （一）基础性原则

在企业技术创新人才培养策略的建设中，改变传统的教育理念，注重知识和创新人才基本能力的培养。知识和能力的特点很重要，无论什么样的人，都必须增强自己的基础知识以及在基本技能方面的培训，使之成为坚定的知识基础，拥有渊博的知识，成为不可多得的创新人才。构建创新型人才培养需要遵循基础性知识掌握体系，不断从根本上扩张内需，增加基础课培养，重视专业课程，不断深化体系改革，接受能力特点，为创新型人才培养做好坚实基本功，接受基础体系改变。这项改革发展于国外，早些年美国学者进行基础性改革，面对知识丰富、技术过硬的优秀创新人才，进行保质保量培养，加强培养创新人才知识和能力的基础性。

## （二）个性化原则

个性化原则是指那些与传统教育方法不一样的教育方法，是提高对学生的基本要求，改变传统教育的基本特点和教育方法，促进个性发展的各种方面的教育，以创造个性化的操作条件。受教育培训的人的个性是心理观的总称，包括理性和非理性因素。传统的教育方法是比较理性的因素，注重思维能力的培养，将教学当作一种教育的认可过程，特别是开发和发展，使受教育者的认识能力成为重点教学方法的核心。然而，很多人的认知能力仅仅是个性的一部分，创新的教育方法不但要考虑到教育发展的合理因素，也要将非理性因素作为重点考虑因素。我们不应该只考虑到那些受教育的人在认知领域的实现，价值观教育也应该在过程之中，态度、情感、行为和沟通也应该做一定程度的改变；不但要注重教育在现实层面中实现的情况，还要注意对企业未来发展将产生深远的影响。

## （三）完整性原则

本原则旨在构建创新型人才培养策略，所以遵循整体性原则包括两个层次的意识：第一，以所有文明的成就和经验作为参考，对全方位的整体概念加以引用，而不是狭义上对局部经验进行借鉴。第二，企业技术创新人才培养策略包括专业授课、重点身心培养、学习方法等培养策略形成一套别具一格的办学体系，使四者相互制约、相互抗衡，在发挥各自作用的同时，相辅相成，形成一个食物链。这种整套的完整性对于创新型人才培养的改革不仅可以提高创新意识，同时在实践动手能力和人员学习方式上效果明显。

## （四）实践性原则

实践是事先创新型人才培养的先决条件，纸上谈兵并不足以说明事物的发展规律、发展效果，企业要设身处地通过实践动手学习，狠抓创新型人才培养策略，提升员工和企业的实践能力，这就要求企业不但必须有一定的科学理论知识。同时在实践方面应该有些心得体会，在科学研究、整体实践中部署。生产经营过程中锻炼自身的综合能力，从教科书中学习基本理论，应用于心，从实践中学习动手能力，丰富自己的知识，应用于实际工作中。所以应将理论和实际相结合，在生产、经营中全面运用，提升创新型人才培养原则。实践能力也有主动性，提高实践能力，有助于全面掌握理论知识，深刻理解知识和不断充实知识。

### （五）创新的原则

目前各种小型企业均提到创新改革，所谓创新就是在原有事物的基础上的经营方式，通过主观的努力、热情激发企业潜在的价值，创新人才培养是重中之重，创新型人才培养逐渐被广泛接受，尊重人格教育，激发他们的学习积极性、热情、文化教育的主体性和创造性，创造教育。教学探索所有的创造性因素，使教学培训教育创造意识，促进教育的创造性培养，在学习知识吸收的过程中，通过创新性思维，对于事物进行探索分析，培养其独立面对问题的能力，通过发现问题，提出问题，分析、解决问题寻求利益最大化。

## 三、培育总体策略

### （一）培育策略

根据企业的具体情况，制定员工创新能力培育的整体策略，围绕"以文化传递，用氛围感染，以激励带动，用培训深化"的主题开展员工创新能力的培育。针对公司一般人才，需要根据公司核心产品与项目的需求对人才进行培养，此类人才的培养方案较为宽泛，例如企业有很多智慧城市项目，那么就需对人才进行城市定位、城市网格等相关技术培训，此类人才经过培训后不仅可以投入智慧城市项目中，还可以投入到其衍生的项目中。例如智慧交通、智慧医疗等项目。优秀的技术管理人员掌握项目和产品规划方向，带领自己的团队完成开发任务；同时，客户服务人员和营销人员还提供了业务方向和人才培养的管理两个方向内容。针对那些研发人员的创新型人才培养策略，提供的技术专家提出技术高管的发展双渠道。主要的技术专家负责解决技术的发展与创新问题，此类人才的培养方案需要特别定制，专攻某一类高新科技技术，其研究结果可以填补领域的空白。根据研发的需求，成立各类实验室。

1. 文化传递促进创新觉悟

文化对人的精神具有潜移默化的影响，可以在长期的不断灌输下产生文化牵引作用，从而通过影响思想进而产生与文化约束相一致的行为，具有对目标精神的巨大影响力。由于公司员工对创新存在消极态度，如果不制定任何铺垫式的推动政策，会使员工产生对创新的消极情绪，造成后续培育环节实施困难。而企业文化包含企业忠诚度教育、企业竞争压力的感染教育，市场环境的关注教育、企业发展目标如何与个人发展目标有机统一的教育、就业形势艰难的压力教育等内容。这些内容的存在可以有效地使员工与企业关系更加密切，让员工为企业的生存发展甘于贡献自己的力量，关注企业的运作内容和发展方向，认识到市场竞争的残酷和就业形势不佳的现实情况。除此之外，企业文化中加入创新内容可以以一种缓和的方式逐渐使员工接受创新，认识到创新的重要性，有效地促进创新意识的产生，为员工创新能力的培育做好思想保障。

2. 氛围感染促进创新思维产生

氛围是指企业内部日常工作的一般状态，以环境的影响力量促进人的思想提升。对于员工创新能力培育政策实施方面，除了要解决员工创新的思想负担问题，还要促进员工创新思维的产生。因为，只有在思维的基础上，创新才能插上生存的翅膀，不然就只会停留在口号阶段，不能变为现实成果。最直接的氛围影响就是板报上墙，思想的宣讲，重大事件的宣传和领导者的带领。对于企业创新氛围的构建可以促使创新思维的长期保持，促使创新意识不断萌发，还可以给予员工创新过程中精神激励，并对创新知识的使用具有提示作用，对企业员工创新能力的培育具有长期鼓励、刺激、提示的多重作用。

### 3. 激励刺激促进创新产出

激励可以有效刺激员工的工作积极性，影响员工的行为趋向企业的期望，在激励的刺激下，员工可以产生对企业需求的空前热情。企业员工普遍存在收入低、福利少、奖金几乎不存在的情况。针对这种情况，员工对激励的期望相对较高。如果针对创新内容制定相应的激励措施一定可以在员工间产生对创新产出的巨大推动作用，让员工的创新能力不只是停留在思想层面，而是发展成为以思想为指导，意识为前驱，绩效为结果的状况。由此，企业可以通过创新绩效增加经济收益，从而更加注重对员工创新能力的培养及创新激励的投入，使得员工成长与企业发展、员工收益与企业收益均达到良性循环。

### 4. 培训深化员工创新能力的培养

在文化的铺垫、氛围的影响、激励的刺激下，员工创新能力有所提高。员工已经在思想上逐步接受了创新的理念，认识到企业发展存在的问题，初步认识到创新的重要性，再加上企业激励的作用，可以有效转变员工对创新培训的态度：从不愿参加培训到积极参加；从认为创新对自身没有作用到认为创新可以推动自身发展，增加自我收入，促进企业发展；从消极怠工到积极工作。在此基础上，在培训当中继续添加企业危机教育使员工更加意识到创新对企业的重要性，添加创新意识的促进内容增强员工创新意识的产生，添加创新方法的内容增强员工在具体创新问题上的分析能力。除此之外，安排合理的培训考核制度，可以在一定程度上加强员工对创新知识技能的学习，增强培训效果。

综上，员工创新能力的培育不是单一举措就可以达成预期效果的，需要综合各种因素，考虑员工主观和客观双重层面的影响，以缓和的方式逐步影响员工行为，防止消极情绪的产生。结合企业现存情况，制定针对性的培育策略和培训计划，防止培育效果缺乏持续性，培育流程不适合企业日常管理，培训知识应用不佳的情况。

## （二）培育措施

根据调查结果和企业现存培训问题，为适应企业日常工作安排，制定创新能力培训方案，并对培训做出以下具体安排：

### 1. 授课内容

企业员工创新能力培训的内容分为两类：一类是统一授课，面向企业所有员工，安排统一的授课内容，以统一的制度进行管理；另一类是个别教学，针对不同岗位、不同工种、不同需求进行针对化、层次化的培训。

对于统一授课内容，分为主观认识部分和知识技能部分。针对企业员工存在工作积极性不高、培训意愿较弱、创新意识和动机不强的情况，在主观认识部分安排了市场发展形势、创新重要性、行业危机和就业形势紧迫等内容。主要目的是使员工了解到工作机会的难得，企业发展形势的严峻情况，市场发展的趋势和没有创新产出的后果，进而影响员工行为。使员工在主观上改变对工作的态度和对创新的态度，认识到创新对企业生存发展的重要性，从思想上注入学习创新知识的意义和提高创新能力的用途，为后续创新能力的培育做好思想工作。除此之外，要让员工对创新产生兴趣，从根上解决员工不想创新，不愿创新的问题。在知识技能方面就是对创新方法进行学习，清楚地认识到创新方法对创新能力的影响意义，切实感受到创新方法对创新的理论指导的巨大力量。还要让员工清楚认识到创新方法的学习对自身发展的重要意义，知道学习创新方法机会的来之不易，明确指出学习创新方法可以给企业降低成本和投资风险，提高工作效率，扩大产业结构，以此鼓励员工积极参与培训，认真学习创新知识，为后续创新方法的学习做好铺垫工作。然后，安排创新方法知识普及宣传，让每个员工都对创新方法有所了解，清楚地认识几种使用广泛、操作简单的创新方法，引起员工对创新方法的学习兴趣和好奇心理。

不同的岗位对创新知识的要求不同，以岗位、日常工作内容和知识需求为参考进行分班次、分等级的个别教学，主要解决创新方法的针对性培训。对于高级管理人员主要安排管理方面、商业模式方面和生产流程方面的创新方法，切实做到创新方法的熟悉掌握和日常工作中的应用分析相结合，给予管理层问题解决的基本途径和思考方向。但由于管理层在日常管理时需要与员工进行具体内容的沟通，所以对其管辖范围内要求员工掌握的创新方法应该有所了解。由于技术员工是日常工作的第一线，是主要面对工作实际问题的人，所以针对其工作内容，安排技术创新方法是其个别培训的主要内容。以掌握创新方法为前提，找到工作中的实际问题，利用方法指导解决问题，产生创新成果。但由于创新不能纸上谈兵，最后必须落实在企业实际的产品设计及性能提高方面。所以，在讲授知识的过程中，采取理论知识与实际操作相结合，以理论指导为辅，实际指导为主，切实做好创新方法的实际应用，让员工真切感受到创新方法学习的益处。对于销售岗位来说，掌握以商业模式和销售创新为内容的创新方法，以场景教学为主要形式，做好创新型销售的示范作用，对销售环节以创新方法加以分析，找到销售中需要改进的内容。针对企业创新方法培训师资缺乏的问题，对教育培训岗位提出特别要求，要求对所有创新方法按步骤系统学习，着重掌握方法的内容、适用范围以及基本的应用步骤，为培养企业自己的创新方法培训团队打下基础。

2. 培训时间和方式

长期培训一般耗时较长，但培训效果显著，可以使受训员工素质从整体上得到提升。而短期培训，又称适应性培训，可以有效解决企业生产中时间不连贯问题。对于时间的安排，一些企业存在工作时间与培训时间的冲突问题，根据实际情况，培训时间要与员工工作时间相分离，在不脱岗的情况下开展培训，这样符合企业日常管理要求，还不会影响企业生产需要。所以，针对不同岗位的工作时间进行分类，对企业员工创新能力培训做出以下安排。

从岗位级别分类，要求高级管理者培训累计时间 30 天，普通管理者和专业技术人员培训累计时间 35 天，一般员工培训累计时间 30 天。根据工作内容分类，安排销售类别岗位实行上下午换班方式，进行交叉培训，采取提前发放授课资料，班组长带领员工每天进行以创新方法指导销售环节为内容的学习。对于管理服务岗位和财务岗位时间较充裕，安排每天下午进行培训。由于运输岗位工作时间长，人数较大且工作时间相互交叉，不存在合适的集体授课时间，因此采用分班制、分批次的授课方式，以分散自学，加强考核的方式安排培训。对于教育培训岗位来说，有固定的假期，利用假期进行系统授课，以连续的、集中的方式，切实做好对创新方法的熟悉掌握。针对一线技术员工，要在重知识的基础上，更重实际应用。因为一线技术员工工作时间采取倒班负责制，所以脱离岗位的培训显然不适合他们。因此，对技术员工的方法培训采取分散式、长战线的教学方式，每天安排管理者以短时考核的方式督促员工对创新方法进行自学，安排专业的创新技能专家跟组指导，在日常工作中将创新方法的实际应用步骤熟悉掌握，并实际解决企业生产中存在的问题。

因为创新能力的培养需要将知识和实际情况相结合，所以基于培训内容目标的要求采取分散与集中相结合，理论与实际操作相结合的方式，重视后期在应用中加强创新方法的指导工作。在培训期间要求各培训班施行分组责任制，一是培养团队合作，二是促进员工的沟通交流，可以有效激发员工创新灵感。

3. 资源的利用

企业员工创新能力培育资源缺乏方面主要围绕资金、师资和培训地点三个方面，但这三个方面又都可以归结为资金问题，也就是说解决了资金问题就可以解决所有问题。对于企业对员工培训的资金投入安排来说，大部分企业都会采取节省开支的方式进行，这就需要了解对于员工培训来说资金投向哪些地方。转换一下思考方向不难发现，企业员工创新能力培训的资金主要耗费在培训教师的劳务费和培训地点的租赁两方面。如果将所有消耗都内化处理就可以有效节省开支。

针对师资缺乏来说，采取在企业内部选择优秀员工、业务骨干和教育培训岗位的员工组建企业内部培训的师资团队去正规院校接受专家系统、全面的讲授，将创新方法的有关内容带回企业，而后由企业师资团队对企业全体员工进行培训。这样加大了企业内部资源的充分利用，节约了培训成本，组建了自己的师资团队，为后续企业开展培训活动打下良好基础。需要注意的是，在组建师资团队过程中，要有意识地培养骨干员工的专业知识倾向性，使创新方法在实际应用时可以在技术的土壤里发展，有效地与实际情况相结合，方便企业用创新方法解决工作中的实际问题。

对于培训地点来说，可以选择利用企业内部资源，利用厂区或是办公区的合适位置进行培训。这一方面节省了培训的开支，另一方面可以方便员工参加培训，节省路途中所花费的时间，并且使培训安排更加灵活化，技术指导更加及时有效。综上，采取"组建师资，员工自培，地点就近"、方便灵活的办法就可以有效地解决企业员工创新能力培训存在的问题。

4. 企业绩效管理与考核

企业的绩效管理一方面可以控制员工的懒惰意识，另一方面可以增加员工的积极热情，明确自己的挑战，奋勇向前，科学的绩效管理体系应该首先确保目标是明确的和具有挑战性的，而且可以产生鼓励员工的功能。因此，第一，组织必须遵循智能原则制定评估目标，也就是说，评价的目标应该是具体的、可衡量的，可实现的和其他相关的目标和最后期限；第二，组织应尽可能采取评估的发展方式，更加关注人力资源的发展，以削弱评价为目的；第三，员工的评估导向对于企业的知识创新体系起着重要的决定作用，性能评估针对绩效考核的公平性、民主性以及任务绩效对企业的发展、对组织的性能具有至关重要的作用；第四，检查工作的频率是否符合企业内部性质，周期不确定是因为它应该与特定的工作性质相关，性质的不同决定周期的差异；第五，在条件允许的情况下，组织应该使用全面绩效评估，采取团队评估，更具真实性，更有说服力。

事实上，绩效管理系统可以影响员工面对绩效评估时的内心反应。此外，绩效管理的过程特征也可以产生积极影响员工的评估。首先，细小评估可以使员工表述自己内心的想法；其次，评估过程具有公开性、平等性，公平的评估是企业人才培养、程序进行的强有力根据，评估前公司检查和建立一个高质量的领导成员交换关系，同时领导是一个企业的灵魂，制订一套公平严谨的制度，树立一个积极的形象，提高员工的信任度，提高员工的满意度。最后，组织还应加强培训评估的考核。绩效考核是一个政治工具的性能评估，评估的动机、技能和偏见可能影响评估的准确性。

针对企业员工创新能力培育的具体步骤，安排两类考核：一类是针对员工创新能力培训效果的考核，目的是了解培训后员工受训效果、员工创新意识和创新方法的具体情况，并在培训期间对员工培训态度起到影响作用，约束员工保质保量地完成培训；另一类是针对企业长期创新绩效的考核，目的是使创新方法在企业内部可以持续使用，保持企业内部创新热情，给予人力资源部门提供岗位提升及员工奖励的依据。

### （三）政策建议

企业进行技术创新管理，明确管理的内容，在此基础上建立管理程序。通过人才培养我们知道，只有建立完善的系统，通过强制手段来调节技术和创新管理的工作流程及过程，才能最大化降低技术创新管理中生成的各种各样的纠纷，避免技术创新工作的随机性，保证技术创新管理是规范有序的操作。

企业应加强"相关制度建设"，加强技术创新激励制度建设，加强知识产权保护制度的建设。而且根据部门的不同、岗位的不同制定规范性、科学性的制定体系，从而保障人才培养策略的顺利实施。企业进行技术创新管理工作不是立竿见影的，需要很长一段时间，关系着企业安危，是同呼吸共命运的大事，通过采取制度，保障创新知识工作的长效性，只有建立相应的工作制度，企业管理者和普通员工才可以获得足够的重视，增强工作信心，真的认可进行技术创新的概念是企业生存的保证，也为企业长期发展的管理技术创新提供了重要的保证。为此，企业在人才培养制度的建立方面，要考虑到制度的长效性与可持续性，之后建立可持续性的人才培养制度体系，才可以保证企业的长久发展，保证企业人才需求的源源不断。

员工创新能力的培训对于企业长久发展至关重要，尽管在开展过程中会存在一些困难，但员工创新能力培训的开展可以为企业的快速发展打下良好基础，并且可以有效地传播企业创新理念，选拔创新能力较高的员工，增加员工间的沟通。有助于企业后期创新氛围的构建和以创新为内容的企业文化宣讲，是企业提高员工创新能力的重要举措。以下是开展企业员工创新能力培训的相关建议：

1. 制定周期性的培训安排

员工创新能力的培育不是一蹴而就的，需要长期坚持，以不断开展学习、讨论的方式加以刺激和延续。而对于员工创新能力的培育来说，组织培训是成效较为理想的方式，因此，安排固定周期形式的员工培训是很有必要的。一方面，可以对新进员工进行创新能力的初步培养，为企业创新能力源源不断注入新的力量；另一方面，使企业创新应用具有连贯性，杜绝一次培训永不碰触的情况发生，防止企业创新能力培养的口号化，有效解决企业创新能力培养的间断化问题。除此之外，将员工培训周期进行固定安排，可以使员工在心理层面加大对创新的关注程度，使员工持续学习创新知识，不断开展创新主题内容讨论，对企业创新能力的提高具有重要意义。

2. 建立员工培训的管理制度

俗话说，无规矩无以立方圆，只有完善的制度可以有效促进员工培训的有序进行。由于企业员工对培训存在较为消极的态度，单纯的号召参加培训，无法起到督促的作用。利用企业管理职能，用规章制度约束员工，可以有效改善员工对培训的态度。除此之外，完善的培训奖惩制度还可以激发员工争先的培训热情，大力鼓励员工培训的积极性，这样使员工从被动受训晋升为主动学习，提高了员工培训的效果。

3. 用思想带动行为

企业在实施各项措施前应该安排思想动员，以免强制施行管理制度和计划而引起员工产生消极情绪，给企业长久发展埋下隐患。对于企业培训的组织工作，如果以思想教育为先导，就会使员工容易接受，并愿意以积极主动的方式予以配合。因此，在组织开展企业员工创新能力培训之前应做好员工思想动员工作，让员工在思想上与企业保持一致，为后续组织培训工作打好基础，防止员工因思想问题影响培训效果的情况发生。

### 4. 计划安排要有针对性

这里提出的针对性主要有两个内容：一是针对企业员工创新能力存在问题的不同，安排不同的课程内容和在培训计划中设置针对不同岗位、不同阶层的培训时间、内容等，在细节上体现针对性。二是在企业长期进行员工培训时要按员工不同阶段存在的创新能力缺乏问题和企业需要的创新领域制定针对性的培训计划。只有做好培训的针对性工作，才能使培训贴合企业需要，符合企业实际情况，做到培训计划的完善。

### 5. 严格执行培训考核制度

考核的存在可以大力激发员工培训的潜力，消除员工培训中存在的消极态度，使员工能够按照培训计划按时按点参加培训，努力学习创新知识，对培训的顺利施行具有推动作用。除此之外，培训的考核还可以为人力资源部门服务，公正地选拔创新能力强的员工，将合适的人才放在合适的岗位上，做到工作岗位的合理化安置。但如果考核不能准确严格地执行，上述所说的功能将不复存在，使考核仅仅只是一个毫无意义的文档，失去了存在意义，反而会增加培训问题的产生。

### （四）提高企业对创新人才的重视程度

在市场竞争日益激烈的今天，一味地扩大经营、降低成本已不再是企业变大变强的有效途径，如果总是囿于一隅，没有改变，企业就会逐渐脱离有力竞争地位，要想长久良性运营，企业就必须有所改变。而企业的改变无疑是产品的改变，产品的更新就需要员工的集思广益。所以，要想企业不断发展，提高企业员工创新能力就是必行之法。但员工的创新能力的培养往往是一个长期的过程。首先，创新型员工需要有一定的自主性，具备较强的创新意识，重视自身的独特性；其次，要在某一领域上从事一段时间的专用性高的工作，具有稳定的研究方向和扎实而深厚的基础知识，并且具备一定的科学知识；最后，创新型员工需要学习相应的创新方法，并能够将所学内容灵活应用于自己所擅长的领域，这样才能有所建树。而这些能力的培养需要大量的、长期的知识积累和技能培养，所以，创新人才的培养一定离不开企业的支持。只有企业认识到创新人才的重要性，才能给员工创新能力的培养打下良好基础；也只有企业摆正对创新重要性的认识，才能以积极态度组织员工培训，制定合理的培训管理制度，带动员工重视创新，重视创新培训的开展。技术创新是需要整合各方面资源，在劳动力全员具备的情况下进行创新人才培养，才能最大效率地实施的企业经营活动，从科学的角度上优化外部资源，特别是对人才的应用和规划，具有关键性作用。以下是对企业开展对员工创新能力重要性举措的建议：

1. 设立培训组织专岗专用部门，做好员工培训

企业的举措代表着企业的态度，专设岗位管理员工培训可以有效体现企业对创新的态度，并且可以在实施培训工作的过程中，将各项步骤做得尽量完善。做好员工创新能力培训的动员工作，宣讲创新对企业和个人的重要意义，设立培训奖惩制度，将创新绩效的高低作为衡量员工工作能力高低的指标等，这些都可以以企业管理的方式展现对员工创新能力的重视，以此推动员工对创新学习的动力。发现高水平人才，从企业内部挖掘、培养多面手。同时，多方面运用高效复合型人才，从经济上和精神上鼓励员工参与多方面研发工作，进行技术创新，并且根据员工研发对公司的贡献程度及时奖励，大力弘扬人才与技术相统一的机制，进行广泛人才激励，大幅度提高员工研发热情。

2. 核查岗位需要，把创新人才放到合适的位置

根据马斯洛需求理论，精神激励的方式是给予员工认同感，所以根据人才创新产出给予员工岗位提升的奖励是相对合适的做法。一方面，以岗位提升吸引创新人才，另一方面，可以在减少企业人才资金投入的基础上提高企业的日常工作效率，留住企业优秀人才。除此之外，可以有效激发员工创新动力和员工内部良性竞争氛围，提升企业整体实力。广纳贤士，向外扩张，根据本公司优厚的待遇标准，吸引高端技术水平人才，通过给予高端技术水平人才高利益、高回报的优厚报酬，建设人才聚集地，方便高水平人才进行

切磋商讨，保障内部优秀员工的同时，从外部引入高精尖团队，强化企业，增强企业综合实力，提升企业自身人才储备。

3. 设立创新人才奖金款项

创新人才的主要功能是提高企业创新绩效，但创新绩效的产出一定是在员工耗费精力和时间的前提下才能产生的，这使得员工对创新必然抱有消极情绪。为创新人才设立专门的奖励资金，可以大大地鼓励员工创新行为，吸引外来创新人才，为企业创新做好人才储备打下基础。除此之外，在专项奖金的刺激下，除了可以在企业内部可以形成对创新的热潮，还可以在激励刺激下形成员工对创新的积极态度，进而提高企业内部员工的创新意识，以星星之火形成创新的燎原之势。

### （五）创建创新氛围

员工创新不是一件简单的事，除了需要企业的认同外，还需要企业给予一定的环境培养，而对于创新的内部环境指的是企业内部创新氛围。好的创新氛围可以促进员工间的沟通交流，促进创新灵感的产生，促进企业员工关系融洽，还可以在企业内部加深创新的内在意义，因此，创建创新氛围是很有意义的，由此，给予企业几点在创建创新氛围方面的建议，如下：

1. 促进团队构建和员工沟通交流

创新行为的出现往往不是自然产生，而是需要环境的刺激，良好的工作氛围可以促进员工的交流沟通，所以，企业管理者应该为员工创造良好的组织创新氛围。管理者如果可以为员工的创新活动提供一种激励环境并促进构建和谐的工作团队，让员工感觉到管理者对员工创新的鼓励，并让员工间经常探讨专业问题，无疑可以为员工创新能力的培养建立良好的组织基础。

我们都知道，团队的构建不管是对于企业还是个人都有其重要意义，团队合作是促进员工创新能力的重要因素。例如，对于服务行业来说，当员工团队合作良好时，顾客的满意度就会提高。对于繁复和具有挑战性的工作，团队合作有助于减轻压力和紧张感。除此之外，认为有团队做后盾的员工能够很好地保持热情并提供优质服务。团队整体的目标会促进团队合作，当嘉奖成为团队整体努力的结果，而非个人的成绩和表现时，团队的努力程度和团队精神就会被有效提高。而团队之所以可以有很大能量的原因是团队的建立促进了员工间的沟通合作。高新技术产业群会随着社会的发展而不断更新换代，促进技术交流和融合就变得越来越重要，生产技术的研究和开发活动是企业的必然选择，这就要求研发人员在对实际生产进行研究和开发工作的基础上，进行长期的沟通，因为技术性的交流系统，会出现研发和生产过程中的纰漏，可能会引发与公司内部脱节，进而产生不必要的经济损失。简而言之，只有在人力资源丰富的情况下，企业技术创新活动才能有效并持续执行。为丰富的人力资源予以支持，加强人才交流是重中之重。

企业员工间的合作可以促进他们自身的创新行为，给予员工良性竞争的刺激，使得员工表现出较高水平的创新能力。除此之外，工作团队的多样性可以提高企业员工的创新能力，对工作小组来说，个体的创新能力的提高促进团队的创新能力的提高，进而反向促进了团队的构建，使企业内部产生源源不断创新行为的内部动力。

对于企业创新能力提高来说，促进团队合作的重要意义在于，一方面，团队合作是围绕市场竞争、围绕产品的改进，围绕企业现实存在的问题，而不是对创新空洞的追求，这意味着企业的创新具有实际意义；另一方面，团队合作可以模糊组织内部职能分配，使团队内部所有目标以顾客满意度和产品完善化为首要任务，消除了员工间各人自扫门前雪的现象，使团队关系融洽，知识最大限度地得到扩散和转移。

在促进团队沟通的管理制度下可以有效消除企业员工间的不和谐因素，提高员工的创新意识，激发员工对创新的热情，形成围绕创新为主题的良性竞争环境。

2. 给予员工信任，适当放权

适当地放权有助于员工进行创新活动。管理者在对员工进行管理的过程中除了使用管理职能以外，还要考虑如何给予员工信任，适当地放权，让员工有一定的职能空间进而产生更多的创新行为。放权给员工可为组织带来以下好处：第一，在提供服务过程中和服务补救过程中可以对顾客的需求和不满意事件做出及时反应，使得服务更具灵活化、差异化和定制化。第二，员工会对其工作更加积极，并更加热情地投入到工作当中，积极与顾客保持良好的合作关系，进而促进企业业务发展。第三，被给予一定权限的员工因为有一定的职能空间，还有可能产生更多创新思维。当然，放权也可能带来不利影响，表现为员工可能形成自由散漫的工作状态，缺乏服务提供的一致性，进而违背服务的公平性。除此之外，在放权情况下还有可能由于员工的经验缺乏造成对突然事故的错误处理。但相比不利因素而言，放权的积极性胜于消极性，毕竟不利因素在一定范围内是可控的。

这一点建议主要针对企业的销售部门，因为，对员工放权是对员工信任的表现，可以有效激发员工的工作热情，激发员工在销售服务过程中的新思路，促使员工形成自己特有的销售风格，促进业绩的增长。只有给予员工自由发挥空间，才能使员工迸发出具有创新性的销售方案，加快员工创新能力的提高，进而促进企业利润增加。

3. 提供实际支持，营造轻松的工作环境

对于企业创新的实际意义在于获得利润收益，在这个前提下，员工的创新行为就应该被关注和支持，以便及时地投放市场，占领市场份额。所以，企业应该提供支持性的技术和设施帮助员工进行创新活动，为员工正常进行创新提供基础。假想员工得不到创新所需的技术支持和物资支持，他们创新的动力及效率可能大打折扣，这无疑是对企业员工的创新能力培养的损害，更是对企业创新进程的延迟。对于企业的管理者来说，对有创新能力的员工要做好要物给物、要钱给钱的准备。

创新需要思维产生想法，而后借用知识、技能和物质，将想法转化为实际的产品，再通过商业手段获得收益。这一过程告诉我们，创新需要时间思考，需要时间转化产品，需要时间销售转化为资金，这些无疑都需要一个轻松的工作环境。因为轻松的环境可以为员工彼此沟通提供机会，在沟通中互惠信息，激发灵感，帮助思考，有助于创新想法的产生。假想员工每天的工作内容繁多，工作压力巨大，总是从一个机械工作到另一个机械工作，又怎么会有时间思考？没有思考的过程就不会产生创新的想法，就更别提后期产品和资金的转化。此外，如果员工在日常工作中真的萌发了创新的想法，但由于企业管理的不灵活，不能合理安排工作内容，就会使员工失去创新的激情，进而让创新知识停留在思维层面，失去了实际意义。因此，为了使员工有时间去思考，有条件去尝试，企业应该营造轻松的环境和制定有弹性的计划，灵活管理。

### （六）构建激励机制

随着经济社会的迅猛发展，人员压力大，更需要持续鼓励的方式使企业员工奋勇向前，兢兢业业。企业人才创新培养为了实现这一既定目标，通过才华展示、奖罚分明的做法，提升员工的积极性和奋进性，大力弘扬创新人才培养策略，使员工在收获喜悦的同时，增加自信，更加对日后的工作持谨慎态度。良好的言语和肯定看似简单，实则可在员工内心形成一道防火墙，用来抵御外来的精神压力和工作压力，进而巩固员工的积极性。同时，对员工工作能力的肯定也是对企业自身的一种鼓舞，这种催眠疗法无论是在大公司，还是在小公司，都会对人才培养教育起到非常好的效果。企业技术创新人才培养激励机制的实现是基于以人为本、尊重人、理解人。企业技术创新人才培养的目标的实现、培养任务的完成等，都不能离开这个基础。

激励过程是从根本上对员工的需求、目标、想法等心理过程进行安慰和理解。激励的形式和方法多种多样，充分发挥员工主观能动性的想法，运用管理科学的机制方法，通过情感激励、运动激励、目标激励、薪酬激励等多种积极机制，提升员工的满意度和认知程度，充分发挥其主观能动性。致力于组织的改革和发展，为企业技术创新进行高水平的人才培养承担起应有的责任。

心里存在的隐性知识被认为是一个人的精神价值的体现，与组织的知识紧密联系在一起。通常拒绝与他人分享知识，不及时进行沟通协调。如果传授知识给别人，将影响到个人利益，这种狭隘的思想道德观严重影响了企业创新人才培养的策略。另外，很难获得这部分隐性知识的本质。因此，激励机制的建立，对于企业可持续发展，人员关系密切稳定、建立隐性的思想道德观至关重要。

企业激励是指通过外界手段，激发员工的需要、动机、欲望和潜力，使员工朝着企业希望的方向发展，从而达到企业目标。激励可以激发员工工作的积极性，使员工为企业的发展目标而努力，从而使企业获得效益。

对于企业来说，常见的激励手段有物质激励和精神激励。物质激励，操作简单，见效快，使用范围广。例如，工资、奖金、福利、住房等都属于物质激励手段。而精神激励往往容易被忽略，操作难度相对较大，需要对员工精神需求有所了解才能达到预期效果。精神激励持续时间相对较长，可以降低企业激励的资金投入，是一种内在奖励，常应用于对认同感有强烈追求欲的员工。例如，对岗位的合理安排，让愿意从事某种工作的员工继续留用，可以有效激发员工工作热情，形成积极的工作氛围。以下是对企业激励方式的具体建议：

1. 物质激励区别化

对于物质的奖励，要掌握一定的方式方法，要对不同表现的员工给予区别化奖励。因为，相同的奖励会造成员工工作的消极情绪，认为干多干少都会受到同样的福利待遇，结果就是越来越多的员工选择偷懒，开小差，努力工作的员工会因为没有合理的待遇而向不努力的员工靠近，形成员工整体的工作状态懒散的情况。如果将福利待遇区别化，可以有效激发员工的竞争意识，促使员工努力争先，形成多劳多得的正确价值取向。在企业内部形成人人争先、人人创优的工作氛围，有力提高企业员工整体素质。

对于企业员工来说，因为福利待遇不随工作绩效的不同而不同，使得员工内部形成懒散度日的工作氛围，更别说提高员工创新能力了。所以，对于企业员工的物质激励创新绩效产出方面一定要防止不论创新绩效而一律给予奖励的情况出现。不然，在员工接受完创新能力培训后，创新绩效依然不会有所提高，原因是激励措施使用有误。除此之外，物质奖励的时间间隔需要科学化安排，太长会使激励缺乏时效性，不能有效强化员工行为，太短会增大企业的资金压力，使得激励缺乏魅力。

2. 精神激励要有针对性

精神激励最大的魅力在于它的个性化，主要体现在不同的员工需要的激励内容不同，而不同的领导给予精神激励的方式也不同，这就大大加大了精神激励的难度。但精神激励对于企业来说是功能强大的内在驱动力，它可以在长时间内对员工起到刺激作用，并且以精神感染的方式进行。对于企业来说，比物质激励更具价值，并且有力地减少了资金投入。例如，以给予培训机会的方式激励对自我发展有强烈需求的员工就是一种很好的精神激励措施。一方面，满足员工的精神需求，使其继续以积极的态度继续工作，另一方面，员工通过学习获得知识，可以更好地为企业服务，使得企业与员工双向互惠。

3. 建立公平合理的创新激励机制

不管企业采取怎样的激励方式，保证激励的公平性是第一要务。只有做到公平，激励才能展现其积极的作用，一旦激励制度执行偏颇反而会大大影响员工的积极性，这种破坏远比没有激励措施来得更为猛烈。激励公平合理时，对于员工个人，可以激发员工创新动力，对企业内部可以营造良性竞争的和谐氛围，充分发挥每位员工的无限可能，为公司创造更大的价值。

对于员工创新的激励更要做到公平合理，应参考创新绩效的产出，以创新收益为依据，才可以真的激发员工对创新的热情和投入。比如，企业组织员工创新能力培训过程中可以按照员工所达到的培训目标进行合理评价后进行激励，以此改变员工对培训的消极态度。

除此之外，为了大力改善企业的创新能力，需要将创新能力突出的员工安排在合适的岗位上，需要采用公平公开的选拔方式，使员工充分发挥最大的积极性，这样既可以最大化对员工产生激励，又可以保证日常工作的高效进行。总之，建立公平合理的激励制度对企业员工创新能力的提高具有重要意义，是进行员工创新能力培养的重要管理内容。

### 4. 考虑员工个体差异

员工的个体差异在日常管理中是一个重要参数，了解员工的个体特别需求才能在激励时对症下药。对于不同的企业，员工对激励的需求程度不同，那么在制定激励方案时应该因人而异，针对不同的员工给予不同的激励。比如说，因为年轻员工需要管理者给予能力方面的认同，采用精神激励的方式效果较好，而对于工作时间相对较长的员工就对所获薪酬及福利待遇更加看重。企业应该区别新入职的员工与老员工的激励方式，这样既可以保持员工的忠诚度，又可以为企业减少资源浪费。

## （七）建立以创新为内容的企业文化

企业文化的核心是一种精神文化，通过整合、适应和导向功能影响员工和规范员工行为，对员工创新表现具有直接性、广泛性。在包容创新、鼓励创新、弘扬创新的企业文化价值体系中，企业员工会在工作中呈现积极的创新行为，让创新成为自然而然，而非思想负担，使创新理念以润物细无声的方式慢慢沁入员工内心。

商业竞争的众多影响因素中最重要的因素就是人，这里的人是员工，而员工的意识形态直接影响其在工作各个方面的表现，所以，针对影响员工意识形态的企业文化建设尤为重要。对于企业文化建设首要考虑的就是其核心——企业的价值观。要建立企业对创新重要性的认同，建立员工对企业产生的认同感、归属感及责任感，在企业内部树立创新增产、创新育人、创新增能的良性意识认同。这样就可以产生出企业内部人人争着创新、事事想着创新的积极创新氛围。以下是针对如何开展企业文化建设中创新理念宣传的建议：

### 1. 管理者倡导

企业文化是管理者的价值观念和行为准则。管理者在日常工作中，言传身教，提出并促使企业员工接受创新的观念，而且身体力行，自觉表现出创新相关的行为选择。这种带动感会影响管理者周边的员工，而员工间通过沟通交流就可以在彼此间产生出一种潜移默化的力量，这种力量通常需要假以时日，之后形成创新的企业理念。除此之外，管理者可以借助对有关创新重大事件的成功处理，促进企业成员对创新理念的认同。因为企业大事件往往关乎企业发展，吸引员工的关注，处理得当会使员工意识到创新的重要性，激发员工创新热情，调动员工创新动机。而不当的处理除了会造成企业的损失，还会在一定程度上打消员工创新的积极性，使得员工为获得安全感而不再自主创新。

2. 借助外在刺激灌输创新观念

社会学的相关研究中把与一定文化相对应的价值观和行为准则被组织成员接受的过程称为文化的"社会化"过程。而这种社会化对应于以创新为内容的企业文化是指企业通过一定形式不断向员工灌输创新观念。比如，组织以创新为内容的培训、宣传和研讨反映创新的重要性和时代意义，对竞争企业竞争产品创新角度的分析和对所在行业发展趋势的预想，都是培养创新企业文化的途径。

3. 制定制度定期巩固

企业创新文化需要定期巩固，不然就会成为口号，失去存在的意义。而要想巩固落实好创新文化，就必须制定制度作为保障。在企业创新文化演变为全体员工的习惯行为之前，要使每一位员工在一开始就能自觉主动地按照创新的方式进行工作是比较困难的，因此，建立奖优罚劣的规章制度十分必要。除此之外，制度的制定也对企业创新文化起到了加强作用，使企业创新文化不断丰富和发展，这既是一个不断改善的过程，又是一个认识和实践不断深化的过程。

### （八）强化人才保障

现代化信息产业的逐渐成熟，标志着人力资源的发展逐渐被重视，作为一条重要的沟通渠道，人力资源在宏观层次和微观层次都发挥着独特的作用，在企业未来发展中扮演着至关重要的角色。面临外部竞争力的增加，在稳固自己企业的同时，如何使员工一鼓作气，协同作战，收纳高品德、高素质、高技能人才，同时发挥现有人才的潜在力量，是当前企业面临并且需要改善的重要问题。强化人才保障，针对不同层次员工和专业技术人员进行合理的布局控制，使员工内部团结一致对外，加强人才交流的力度，使企业的人力资源在原有资源的基础上进行创新改革，竭尽全力营造出良好的企业环境。

1. 突出重点，优化配置后的管理人才

在岗位配置方面应该大力加强用人计划，广纳人才，加强管理人才岗位配置，对人员进行一定程度上的创新和改革，从专业角度公平对岗位进行合理的规划和分配，从而进一步提高中层干部的质量团队结构。

通过创新中层干部选拔任用机制，优化中层干部结构，促进生产和管理的进一步发展，并取得了良好的结果。

2. 构建灵活的流动机制，促进大学生的成长和发展

应届毕业生是一个企业的新鲜血液，公司应该不遗余力地大力培养，采取创新型轮岗制度，针对每个岗位不同人员轮岗，加强迎接大学生的适应程度，为后续企业的发展储备强有力的后备力量，从灵活的流动机制入手，加快毕业生的成长，使之尽快成熟起来，以应对企业面临的种种困难，为企业的稳定持续健康发展奉献自己的一分力量。这一创新培养，是人才的创新，是对于企业、个人的一种新的尝试，为企业和个人创造良好的有利条件。

3. 创建多渠道的发展策略，促进人才的流动。

企业应理论联系实际，从管理制度、企业培训、沟通协调、推广产品等众多方面调整员工的积极性，为企业带来新鲜的活力和经济利润。

企业要想在社会中立足，应该多渠道发展企业内部程序。第一，对人的态度，切身实际为员工考虑，注重他们自身的素质，对于企业创新型知识培养起到积极的促进作用。良好的文化素养可以使员工知识丰富，更有自信、更加从容地发挥自己应有的才华，有利于自身的发展，特别是创新型人才，到一个新的环境之后可以拓宽他们的视野，丰富经验，提高素质，有利于人才的发展。第二，岗位分配要平均，灵活的工作分配模型，应该将最合适的人才安排到最合适的岗位，匹配完美，才能最大限度地发挥人才的潜力，重

组一个全新的环境，创造一个新的战略目标。第三，多渠道发展策略，提供更多的就业机会，减少人才流失频率，提供一个系统保障人才的各项基本程度。第四，建立企业内部人才流动渠道，为企业解决由于现阶段不平衡造成的心理隔阂，保持企业运行畅通无阻。

| 第八章 |

# 结论与展望

## 第一节  研究的主要结论

本书根据研究问题与研究目的，在国内外相关文献的基础上，初步确立了研究框架。在理论综述部分，分别对各个研究变量的概念进行界定，确定各个变量的维度划分，明晰变量间的关系，构建概念模型，为实证研究奠定坚实的基础。在实证研究阶段，通过发放问卷进行数据收集，运用SPSS 17.0 和 AMOS 21.0 软件深入分析组织支持感的工具性支持感维度、情感性支持感维度的中介效应。综上所述，得出以下结论：

（1）组织创新氛围的同事支持、主管支持、任务特征、组织理念对员工创新行为产生显著的正向影响，该结论与提出的研究假设相符合。而资源供应维度对员工创新行为的影响却不显著，其假设未得到验证。

（2）组织创新氛围对组织支持感的工具性支持感维度存在着正效应，但只有任务特征和组织理念维度对工具性支持感有一定的正向预测作用，同事支持、主管支持、资源供应不起正向预测作用。

（3）组织创新氛围对组织支持感的情感性支持感维度存在着正效应，但只有任务特征和组织理念维度对情感性支持感有一定的正向预测作用，同事支持、主管支持、资源供应不起正向预测作用。

（4）组织支持感对员工创新行为有正向影响。

（5）组织支持感在组织创新氛围与员工创新行为之间发挥部分中介作用。

（6）组织支持感的工具性支持感维度与情感性支持感维度在组织创新氛围与员工创新行为间的中介作用均显著。

# 第二节　研究的管理启示

员工的创新作为企业的核心竞争力，是企业创新的重要源泉，因此，在知识经济飞速发展的时代，企业要想在变幻莫测的市场环境中立于不败之地，必须重视员工创新能力的提升。本书根据社会交换理论的互惠原则，首次提出并验证了组织支持感的工具性支持感维度、情感性支持感维度分别在组织创新氛围和员工创新行为间所发挥的部分中介效应。从而为企业营造积极的组织创新氛围建言献策，以在员工心中形成积极的组织支持感，激发员工的创新行为。根据研究结论，提出以下建议：

## 一、组织创新氛围诊断策略

在营造组织创新氛围之前，企业可以对组织创新氛围进行测量，并诊断组织创新氛围状况，针对组织创新氛围各维度的薄弱环节采取相应的措施。虽然研究者探索了诸多推动员工创新行为的组织环境因素，但外在因素能否影响员工个体，关键要看个体是否对外在因素的存在产生了知觉，因此，组织创新氛围的分析调查应着重考察员工的知觉层次，而不是外在的客观事实。

如何诊断企业的创新氛围状况呢？我们可以用创新氛围指数来衡量。研究表明，组织创新氛围大致包括五个维度，即团队支持、领导支持、组织理念、资源供应、工作特性。这五个维度也就构成了创新氛围测量的五个指数。

既然用创新氛围指数来衡量创新氛围状况，那么，如何判断企业的创新氛围指数是高还是低呢？判断方法有两种，一种是横向比较法，一种是自我比较法，两种方法的不同点在于参照物的选取上。

横向比较法以行业内高创新企业的创新氛围指数或者是行业内所有企业的平均创新氛围指数为参照物。通过测量某企业的创新氛围指数，把实际值与参照值进行对比，就可以衡量该企业的创新氛围状况。如果各指数的实际值都比较高，接近或超过参照值，说明该企业的创新氛围状况良好，反之亦然。如果出现某个指数的实际值远远低于其他指数的实际值，说明该企业的创新氛围在此方面出现了"短板"。通过横向比较，企业领导就可以找到企业创新氛围的薄弱环节，从而采取相应的干预措施来改善企业的创新氛围。

下面，我们举例来说明横向比较法的应用。我们分别对英特尔上海公司、美特斯·邦威服饰有限公司和上海航天控制研究所 3 家单位进行创新氛围指数测量。测量问卷采用李克特 7 级量表，即最高分为 7 分，最低分为 1 分，中间值为 4 分。测量结果如图 8-1 所示。可以看出，英特尔公司的创新氛围指数比较高，美特斯·邦威次之，上海航天控制研究所最低。这也证明了目前我国国有企业的创新氛围状况普遍不如外资企业和私营企业的事实。如果把英特尔公司作为标杆的话，上海航天控制研究所的组织理念指数、资源供应指数和工作特性指数远远低于标杆企业的指数，这也正是上海航天控

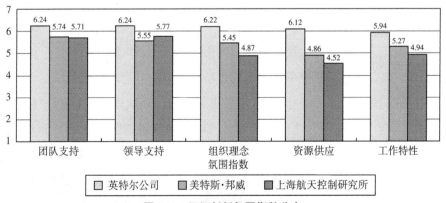

**图 8-1 组织创新氛围指数分布**

制研究所创新氛围的"短板"所在。

自我比较法以员工个体对创新氛围的期望值为参照物。此法的理论基础是个人—环境匹配模型。个人—环境匹配模型是把个人因素与环境因素联系起来的一个桥梁，因此该模型有非常广泛的应用范围。例如，研究者利用个人—环境匹配模型来研究压力、职业生涯、工作特征、工作调整、人员选择和组织设计等。研究者们逐渐把个人—环境匹配模型应用到创造力研究中（如 Livingstone，1997），并提出了创造力匹配模型（Creativity Fit Model）。创造力匹配模型就是在个人—环境匹配的框架下研究创造力所采用的模型，检验组织环境和个人因素对创新行为、绩效、态度和幸福感的联合影响，如图 8-2 所示。

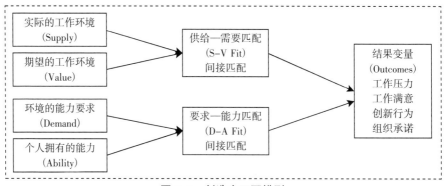

图 8-2　创造力匹配模型

尽管研究者研究了不同的环境方面，包括工作环境的物理特征、组织结构和政策、工作特征等对员工创造力的影响，但创新氛围，尤其是个体感知的心理气氛，经常被看成一个关键的支持创造力的社会环境变量。在创造力匹配的研究中，S-V fit 被操作性定义成期望的创新氛围（Value's）和实际的创新氛围（Supplies）之间的相容性。期望的创新氛围反映了一个人对促进创造力的社会环境的需求。实际的创新氛围主要指个体对当前的创新促进环境的主观感知。因此，当环境提供的创新支持气氛水平和个人期望的创新氛围水平一致时，创造力匹配的供给—需要匹配（S-V fir）就高。同样，需求—能力匹配（D-A fir）操作性定义为环境要求的创新能力、知识和技能与个人实际拥有的创新能力、知识和技能之间的适应性。当个人所具备的能力和知识满足环境的要求时，D-A fit 就高，反之则低。

个人—环境匹配理论认为，当环境特征与个人特征比较相符的时候，人的行为表现更为突出。也就是说，当企业实际的创新氛围与个人期望的创新氛围比较接近时，个体更容易表现出创新行为。因此，自我比较法是同时测量企业实际的创新氛围指数与员工期望的创新氛围指数，如果指数实际值与期望值比较接近，那就说明企业的创新氛围状况良好，反之，如果指数实际值与期望值相差比较远，那就说明企业的创新氛围状况较差。

下面，我们举例来说明自我比较法的应用。我们以上海航天控制研究所为研究对象。测量问卷采用李克特 7 级量表，即最高分为 7 分，最低分为 1分，中间值为 4 分。

本调查对创新氛围的五个指数分别进行了测量，结果如图 8-3 所示。可以看出，五个指数的感知数值都普遍低于员工的期望数值，说明公司的创新氛围还没有达到员工期望的水平。其中，在团队支持和领导支持指数方面，员工的感知值与期望值比较接近；在组织理念指数方面，员工的感知值（4.87）明显低于期望值（6.36）；在资源供应指数方面，员工的感知值（4.52）远远低于期望值（6.18）；在工作特性指数方面，员工的感知值

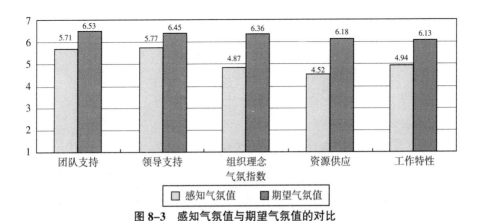

**图 8-3 感知气氛值与期望气氛值的对比**

（4.94）也远远低于期望值（6.13）。因此后面这 3 个指数尤其值得关注，公司应该在创新文化、资源支持和工作特性方面有所加强。

下面，分别对每个指数进行详细分析。

（1）团队支持指数。结果如图 8-4 所示，说明公司创新氛围在团队支持方面不太符合员工的期望。

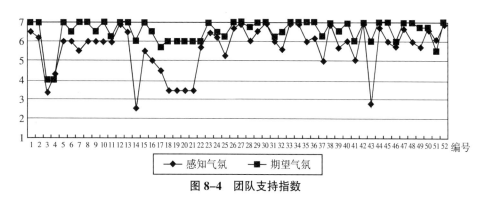

图 8-4　团队支持指数

（2）领导支持指数。结果如图 8-5 所示，说明公司创新氛围在领导支持方面也不太符合员工的期望。

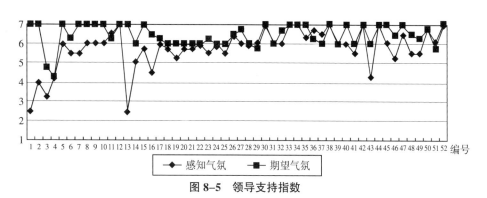

图 8-5　领导支持指数

（3）组织理念指数。结果如图 8-6 所示，两条曲线分得比较开，说明公司创新氛围在组织理念方面距离员工的期望较远。管理层可以在企业培育和塑造一种创新性的企业文化，通过企业文化来引导员工的创新行为。

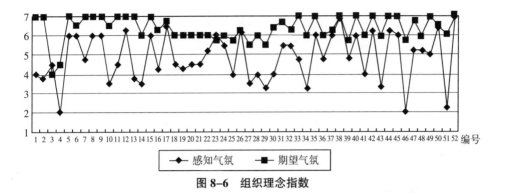

图 8-6 组织理念指数

（4）资源供应指数。结果如图 8-7 所示，说明公司创新氛围在资源供应方面还远远没有达到员工的期望。

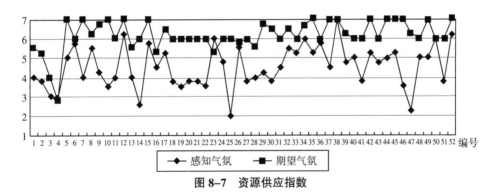

图 8-7 资源供应指数

（5）工作特性指数。结果如图 8-8 所示，说明公司创新氛围在自由度方面还没有达到员工的期望。

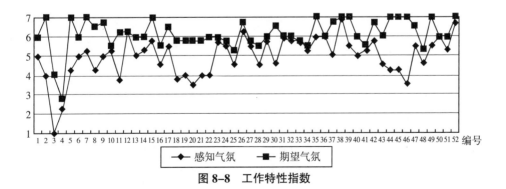

图 8-8 工作特性指数

调查结果表明，公司创新氛围的团队支持指数、领导支持指数基本符合员工的期望，但企业应该更多关注组织理念指数、资源供应指数和自由度指数。在工作中，公司管理者应着重在企业培育一种鼓励创新的文化；应给予员工更多的自主性和灵活性，即更多的工作决定权；尤其是，管理者应给予员工充裕的思考时间和实施创意的时间，给予更多的物资设备支持，鼓励员工创新并勇于承担下属创新的风险。

## 二、组织创新氛围营造策略

明确了企业创新氛围的现状后，企业领导者就可以采取特定的方法和策略，在企业内营造创新氛围，或至少对他们期望的创新氛围采取积极的干预措施。营造创新氛围，除了开展各种有关创新的宣传外，还需要改变一些日常政策、实践、程序和惯例，引导员工行动的信念，将创新理念深入到每个员工的思维和行动中去。

本书根据前文创新氛围维度的研究成果，总结出在企业内开发和维持创新氛围的方法和策略。企业应注意从领导、工作团队、组织理念三个方面营造组织创新氛围，推动组织内的员工创新行为，提高企业的自主创新能力和绩效。

### （一）领导者方面

#### 1. 提高领导者自身的创新意识

研究发现，员工的创新行为与上级主管的创新意识紧密相关，而且与上级主管所具备的工作作风、管理技能紧密相关。因此，企业领导应该清醒地认识到自己所承担责任的重大，加强学习，严于律己，努力培养自身的创新意识。

#### 2. 转变管理风格，提升领导效能

完全集权型的管理风格不利于员工创新能力的发挥，要营造积极的组织创新氛围，领导者必须能够尊重不同的意见，并与下属进行良好的沟通，以提升领导效能。通过建议和间接的劝说，而不是指示和命令来领导及激励。

给目标进行清晰的定义，但要给问题解决方式和方法留有余地。不要让你自己的做事方法抑制了下属的其他方法。只有当领导者尊重员工的不同看法和观点，在思想实施中给予资源支持和其他指导，给员工一个自由表达和交流想法的空间，员工的创意灵感才会最活跃。此外，领导应减少员工的工作压力和不切实际的工作期望，以示对员工创新努力的支持。工作中，领导应该谨慎地提出负面的评价性反馈，多给下属以正面的鼓励等。这些对增强员工创新氛围感知和表现出创新性行为十分关键。

3. 容忍下属犯错误

偶尔允许个体实验他们的新创意而不要有任何批评。为错误提供一定程度的边界，过多的惩罚性活动会导致下属过度依赖安全的做事方式。创新风险的存在往往会限制员工的创新行为，对于员工在探索和创新过程中出现的失误，领导者应予以理解、信任和支持，并共同找出问题的症结。更重要的是，领导者要勇于承担责任，这是支持创新的重要体现。同时研究可知，在进行创新行为时，员工需要打破常规，不断寻求新方法、新思路，这意味着组织需要给予员工高度的工作自主权和决定权。因此，企业一方面应充分考虑员工的性格特征，根据其性格特征、价值观等因素进行岗位分配和工作部署，尽可能地发挥知识技能；另一方面企业应适当授权员工与管理者共同参与并制定活动方案，加强对组织工作的认同，制定弹性工作标准，给予员工适当的自由，减少组织条例或者规章制度对员工的约束；注重员工的自我培养，提升工作自主性，调动和激励员工工作热情，促使员工自主自发地更好地完成工作任务。

4. 建立开放式、多样化的上下级沟通渠道

研究可知，主管积极地关注和正向地回应员工在工作中遇到的难题，对增强员工的创新行为具有重要的意义。在调研中发现，很多企业实行导师制，每位新入职的员工或加入项目的新成员均由导师带领，他们彼此关系的好坏将直接影响工作效率和工作结果。所以，为了保证各项工作的顺利进行，企业应该积极引导上下级关系，建立开放式、多样化的沟通渠道，营造

良好的工作氛围。例如，定期举办总结大会，为上下级共同参与讨论搭建平台；在春暖花开时节组织集体春游，从而在工作以外的时间，让下属切身感受上级主管的关怀；为新入职的员工提供素质拓展的训练，在这个过程中，新员工能够更直接地领悟企业文化，快速地融入组织。因此，企业将员工的工作和生活相交叉，不仅能够拓宽上下级沟通渠道，还有助于营造积极向上的、和谐融洽的工作环境。领导者要通过自己的行动和态度表明自己是支持员工而非反对他们。领导者要成为创新催化剂而非阻挠者，成为一个友好的、合意的人，拥有高的道德标准和诚实，能够根据情形所需来制造幽默或放松，对下属充满信任，倾听他们的建议并与他们一起玩笑。

## （二）团队方面

### 1. 建立和谐的人际关系

发明或者创新观念的产生也许是个人活动，但创造和创意的实现却是集体性的活动，因此，创新需要组织其他成员的支持。研究发现，组织的人际关系需要达到一个相对较高的质量水平，否则，组织成员的创造性不可能得以发挥。研究可知，同事间友好的互帮互助、信息资源的沟通共享都能够缓解个体在工作环境中所产生的压力，减少组织内部的竞争与冲突。对于企业而言，应充分意识到，加强员工的团队意识，处理好同事关系，不仅有助于员工迅速地融入到组织当中，而且能够激发员工的创新潜能，提高创新绩效。但受中国文化环境的影响，员工并未充分意识到组织内部同事的支持对他们工作产生的积极作用。因此，企业应搭建线上与线下相结合的沟通交流平台、组建学习型小组，在讨论的过程中及时地传递和反馈有效信息，培养彼此感情，使他们团结一致，为实现组织目标共同奋斗。

高水平的团队成员关系有助于增强员工的创新行为。例如，成员间彼此的信任和尊重、愿意聆听、合作精神、友好的态度、建设性冲突、防御性心理弱等均有助于组织成员坦诚沟通，消除偏见，加深理解，加强合作，释放创造潜力。因此，组织应采取措施，加强创新任务团队中领导与成员间、成员与成员间的交流、互动、沟通、信任、承诺，增强他们之间的协作质量以推动组织创新过程。

改善团队交互，并使团队成员关系变得舒适的一个途径是通过工作时间（如会议、讨论）和工作时间之外的社会化交流（Socializing）。当团队成员在实际工作以外的交流上花更多的时间时，沟通的渠道将变得更加广阔，团队成员在表达自己观点时也会变得更加的自由，同时也有助于团队成员的相互了解。

但是，人际关系也可能削弱组织的创造性。例如，组织成员彼此关系太密切，缺乏适当的距离感，或过分强调一致性，就会阻碍组织成员的创造力的发挥。

2. 建立开放式的沟通渠道

企业进行创新活动，需要个体员工参与和贡献智慧。为广泛地收集信息和建议，企业需要建立畅通的横向和纵向沟通渠道，鼓励员工提供更多的建议和看法。并且，人的创造力并不是静止不变的，而是有活力、持续地成长和发展的。不同部门的员工之间，以及上下级之间，在对组织长远目标共同承诺的前提下，彼此的坦诚沟通、学习交流对他们的创造力的成长至关重要。

## （三）组织理念方面

1. 创建倡导创新的企业文化

员工的创新能力只有在强调创新的环境中才能充分发挥出来。通过企业文化的塑造，可以树立全体员工共同的理想、价值观、工作作风和行为规范等。塑造有利于创新的企业文化可以培养员工的创新意识，激励企业员工的积极性、主动性和创造性，增强企业的凝聚力。创新文化不会自然发生。管理者要清楚并反复地向员工强调，创新是被企业期望的。要意识到，管理者营造创新文化的努力会遭遇惯性和阻力，不过，应反复地、耐心地向员工表明企业确实鼓励创新行为，最终会减少这种阻力。不仅要从语言上鼓励，更重要的是要从行动上鼓励。研究可知，创新是企业生存和发展的必备武器，而企业文化又是支撑企业进行创新活动的精神保障。因此，在思想教育中，企业应大力宣传追求卓越的企业文化，积极倡导勇于革新、敢于突破的创新精神，从而激发员工的创新意识，鼓励员工利用有限的资源创造无限的可能。

2. 建立组织学习机制

组织学习指的是组织为了形成其核心竞争力，而围绕信息和知识所采取的各种行动，它是组织不断努力改变或重新设计自身以适应持续变化的环境的过程，是一个创新的过程。知识经济时代，知识更新速度加快，如果只顾及眼前利益，不注意员工的培训学习和知识更新，就会导致整个企业机制和功能老化。只有通过有目的、有组织、有计划地培养企业员工的学习和知识更新能力，不断调整企业人才的知识结构，才能提高企业的核心竞争力，在竞争中始终处于不败地位。现在，越来越多的求职者把个人发展潜力和培训作为选择企业的标准，企业建立组织学习机制也是吸引人才的重要途径。在管理实践中，企业应注重创新教育对员工的重要性。一方面，企业可以定期开展与创新领域相关的培训课程，让员工能够更直接地学习和掌握专业知识与创新技能，尤其是对一些可以被借鉴的成功案例展开研讨，鼓励员工积极参与，在成功经验的分享过程中，不仅可以拓宽员工的思维和视野，激发其创新能力，而且能够结合企业的实际情况，提出具有可行性的解决方案，这对企业的发展来说，无疑是有益无害的；另一方面，企业可以借助高校和科研机构的力量，加大对创新的投入力度，不断从高校和科研机构向企业输送创新人才，也可以与这些高校合作，定期组织专业技能的培训，采取多元化的员工教育模式，提升创新意识。

另外，资源供应与员工创新行为的关系并不稳定。一方面，当员工认为自己拥有或可获得更多资源时，其执行的信心会越强，但关键资源的缺乏会使员工感受到不受重视，产生消极情感，限制创造力的发挥；另一方面，当员工能够非常容易地获得充足的资源时，会影响他们探索新的解决方法、开发资源新用途的激情。因此，企业应时刻关注并供应员工进行创新活动所需的时间、资金、材料、设备等关键资源；对于一些具有挑战性质的资源，应提出相应奖罚措施，以鼓励员工为了进行创造性活动，必须集中精力，发挥聪明才智，利用已有的资源更好地解决实际工作中遇到的问题，提高工作绩效。

3. 建立鼓励创新的激励机制

研究可知，组织支持感的工具性支持感维度在组织创新氛围与员工创新行为的关系研究中发挥着十分重要的中介作用，说明企业在管理实践中应时刻关注和满足员工的需求，当员工感受到组织对他们重视和帮助时，能够更好地激发他们的工作热情，产生有益于企业更好、更快发展的创新成果。因此，企业应加大对创新的投入力度，竭尽所能为员工搭建全方位的创新互动平台，尤其一些能够驱动员工进行创新所需的设备、技术等资源更是必不可少，要真正做到每一分钱都花在刀刃上。

企业必须采取各种手段完善其创新激励机制，如对员工的创新想法和行为给予及时的奖励和肯定，对新观点、新想法给予公平、支持性的评估等。员工提出新观点、新想法往往是在工作实践中艰难探索得出的，是企业创新活动的重要表现。管理人员需要慎重、仔细地从中选出可行性高、具有开发条件的创意构思和创新项目。研究发现，苛刻的评估削弱了创新者参与创新活动的主动性和积极性，抑制了他们的创造潜力的发挥，而给予支持、提供客观的信息反馈的评估则提高了员工内在的创造动机。另外，要重视个人贡献，弱化群体报酬和贡献的匿名性。尽管创新团队也是非常有用的，但也要为个体创造者寻找一片空间，允许他们拥有与团队相反的思想。

随着经济的快速成长，社会发展的不断进步，人们生活的成本越来越高，尤其每天奋斗在工作岗位上的员工，更是肩负着家庭和职业的双重使命。这个时候，如果企业在全力支持他们工作的前提下，还能为他们的情感生活提供扶持，那么，为表忠诚，员工会更努力地工作。当然，企业还可以通过薪酬体系、福利待遇、绩效奖励机制的完善来缓解员工对未来生活和工作的担忧。这样可以使员工感受到企业对他们的尊重，也能够增强员工对组织的认同感和归属感，提升忠诚度，促使其产生更多的创新热情。

综上所述，企业应充分认识到组织创新氛围对员工创新行为的影响，以及组织支持感在组织创新氛围与员工创新行为间的中介作用。因此，企业可以加大对创新的宣传力度，出台相关的规章制度，通过适当授权给员工，激发他们的创新自主性；通过加大设备、技术、资金等资源的投入力度，为员工实施创新活动提供有力保障；通过与高校和科研机构的强强联合，为员工搭建良好的沟通平台，增加与外界的学习交流机会，营造组织支持、鼓励员工创新的工作氛围。对于不利于组织创新的因素，予以调整、改正或取缔；对于组织创新氛围中的薄弱环节，采取相应的措施予以加强；对于有利于组织创新的因素，继续大力支持与弘扬。

组织氛围能够积极影响员工的创新行为，因此营造一个友善积极的组织氛围尤为重要。访谈中员工也提到，创新行为离不开创新、开放、安全的工作氛围，组织文化要能给予创新的空间。组织氛围是一个综合概念，影响员工感知组织氛围的因素很多，且每个因素对不同员工的影响不同，这些因素可能是价值观、文化、制度、规范、活动、领导风格和同事关系等。

组织氛围建设的参与者不仅有人力资源管理者，还有每个部门的领导者和员工。从人力资源管理者角度，要建立公平公正的流程和制度，促进优秀企业文化的建设与传递，建立畅通的反馈平台，建立学习型组织形成学习风气等。从部门领导者的角度，要关注和理解下属的问题，优化自身的管理风格，甄别、辅导和激励员工，以身作则，保持良好沟通，不吝惜表扬，学会感谢。从员工角度，在团队中相互帮助，对待工作积极认真，乐于发表建议，保持积极乐观的态度，不传递负面情绪，学会感激，尊重差异。优秀的组织文化具有独特性，而良好的组织氛围具有共性。总的来说，本书认为，良好的组织氛围是"求同存异"的过程，看重共同的愿景和价值观，也尊重和运用差异。

# 第三节　研究局限与展望

## 一、调研对象局限性

由于时间有限，本书主要调查对象尽管已达到问卷调查研究的要求，但覆盖面和代表性有待进一步完善。因此，在后续的研究中，可增加不同地区、不同群体的数据，丰富样本来源，扩大样本的覆盖范围。由于研究条件的限制，本书仅采用横截面数据，缺少纵向的数据跟踪调查和动态分析。因此，在后续的研究中，可对多家企业进行跟踪调查，收集和整理企业的纵向数据，进一步了解组织创新氛围的变动对员工创新行为的影响。

## 二、研究方法的局限性

尽管本书综合运用了案例研究法、描述性统计分析、相关分析、因子分析、回归分析、结构方程模型等方法，但这些统计分析在揭示变量之间关系上仍存在一定的局限性，特别是还可运用更为复杂的统计分析方法对本书在问卷调查过程中获取的大量一手数据进行数据挖掘，从而更能有效和准确揭示组织创新氛围、组织支持感、核心自我评价与员工创新行为之间的内在逻辑关联性。

## 三、问卷存在共同方法偏差

所谓共同方法偏差，是指由同样的数据来源、测量环境、项目特征等造成的预测变量与效标变量之间认为的共变，这些共变会对研究结果产生影响。由于研究条件的限制，本书采用同一份问卷对不同的调查对象进行调研，他们可以通过自己的真实感觉勾选相应的答案。使用这种问卷调查法所得的数据进行统计分析，其研究结果可能会因为调查对象不同的个人感知而产生误差。因此，在后续的研究中，可综合访谈法、问卷法、案例研究法等方法进行分析。研究方法的丰富，一方面有助于增加研究深度，提高研究质量，另一方面可弥补问卷调查法的不足，从而增强研究结论对企业管理实践的指导意义。

## 四、量表适应性问题

在问卷设计与量表选择时发现，国内用于测量组织创新氛围、组织支持感、员工创新行为的量表很少，并且已有的量表几乎都是国外成熟量表翻译形成的。因此，本书所使用的组织创新氛围、员工创新行为量表均是借鉴、翻译和修正国外研究成果后形成的测量量表，而组织支持感则采用国外学者开发的测量量表。然而，由于中西方的文化差异和语言差异，采用国外量表在一定程度上难以区分所翻译和表达的意思，导致调查对象对其理解有所不同，进而影响测量效果。因此，在后续的研究中，需开发适用于中国情境下的测量量表，而不仅仅是对西方成熟的量表进行修订。

## 五、研究结构有待优化

由于一些变量测量很难实现操作化，因此本书构建的概念模型相对较为简单，除了自变量与因变量外，组织创新氛围与员工创新行为之间以及二者之间的交互作用过程中还有其他影响变量（或调节变量）有待进一步发掘和揭示。尽管通过实证分析与讨论，验证了组织支持感变量的中介作用，但这并不代表员工创新行为的发挥仅仅受到组织支持感的影响，还可能会受到员工个体心理活动（如情绪智力、个人需求、成就动机、风险偏好等）的影响，这些心理活动通过员工工作态度的表现影响创新行为和组织绩效。因此，在后续的研究中，可以引入更多的中介或调节变量，利用多元线性回归模型进行分析，比较不同变量对员工创新行为（产生、构思、执行等）不同维度的影响程度，建立更加完善、更具指导意义的理论模型。

　　基于上述研究过程中存在的一些局限与不足，未来研究工作中将从以下几个方面进一步深化和拓展：

　　第一，进一步扩大调查样本来源的范围，可以运用分层随机抽样的方法，在我国东部、中部、西部随机各抽取相同规模的研究样本，进一步增强研究的外部效度。

　　第二，丰富和拓展概念模型。在未来的研究中应该结合理论研究，探寻基于社会认知理论的员工创新行为的其他中介变量和调节变量，采用多元统计分析方法，科学揭示员工创新行为影响因素的内在作用机制。

　　第三，深化组织创新氛围的测量研究。未来研究可以通过对组织创新氛围内涵与结构要素的深入探讨，研究编制具有良好信度和效度的组织创新测量量表，使组织创新氛围的测度更具科学性。

# 附　录

## 《组织创新氛围对员工创新行为的影响研究——以组织支持感为中介变量》调查问卷

尊敬的先生/女士们：

您好！感谢您在百忙之中抽空参与我们的调查。本问卷旨在调查组织创新氛围、组织支持感与员工创新行为之间的关系，烦请您根据实际情况作答。本问卷采取不记名方式，调查结果仅用于学术研究，不涉及商业用途。在此，我们保证将对您的回答严格保密，不会泄露您的任何个人信息，请根据自己的真实感受放心填写。非常感谢您的帮助！

**第一部分：基本资料（请在相应选项上打"√"）**

1. 您的性别：①男；②女

2. 您的年龄：①25 岁（含）以下；②25~35 岁；③35~45 岁；④45 岁以上

3. 您的受教育程度：①大专及以下；②本科；③硕士；④博士及以上

4. 您的婚姻：①已婚；②未婚（含离异、丧偶）

5. 您所在的企业性质：①国有；②私营；③合资；④外资；⑤其他

6. 您所在企业所属行业：

①纺织业、化学纤维制造业；②通信设备、计算机及其他电子设备制造业；③金融、保险业；④信息传输、计算机服务和软件业；⑤医药制造业；⑥交通运输专用设备制造业；⑦服务业；⑧其他（行业名称）。

7. 您的岗位性质：①生产；②技术；③研发；④管理；⑤其他_____（岗位名称）

8. 您的职务：①普通员工；②主管；③部门经理；④总经理；⑤其他_____

9. 您的工作年限：①1 年（含）以下；②1~5 年；③5~10 年；④10 年以上

10. 您的年薪：①6 万元以下；②6 万~8 万元；③8 万~10 万元；④10 万~12 万元；⑤12 万元以上

**第二部分：组织创新氛围（请您根据自己的实际感受进行评估，答案没有对错之分，真实填写感受即可）**

以下题项是关于工作环境创新程度的描述，请您根据实际情况在相应的数字上打"√"。
1=非常不符；2=不符合；3=基本不符；4=不确定；5=基本符合；6=符合；7=非常符合

| TS1 | 我的同事们在工作中相互支持和协助 | 1 | 2 | 3 | 4 | 5 | 6 | 7 |
|-----|-----------------------------------|---|---|---|---|---|---|---|
| TS2 | 我的同事们愿意分享工作方法和技术 | 1 | 2 | 3 | 4 | 5 | 6 | 7 |
| TS3 | 我的同事们经常就工作问题进行交流和讨论 | 1 | 2 | 3 | 4 | 5 | 6 | 7 |
| TS4 | 当我有新创意时，我的同事们积极发表建议和意见 | 1 | 2 | 3 | 4 | 5 | 6 | 7 |
| SS1 | 我的主管尊重和容忍下属提出不同的意见与异议 | 1 | 2 | 3 | 4 | 5 | 6 | 7 |
| SS2 | 我的主管鼓励下属提案以改善生产和服务 | 1 | 2 | 3 | 4 | 5 | 6 | 7 |
| SS3 | 我的主管支持和协助下属实现工作上的创意 | 1 | 2 | 3 | 4 | 5 | 6 | 7 |
| SS4 | 我的主管是一个很好的创新典范 | 1 | 2 | 3 | 4 | 5 | 6 | 7 |
| OV1 | 公司倡导进行新的尝试，鼓励从错误中学习 | 1 | 2 | 3 | 4 | 5 | 6 | 7 |
| OV2 | 公司赏识和认可有创新和进取精神的员工 | 1 | 2 | 3 | 4 | 5 | 6 | 7 |
| OV3 | 公司经常奖励员工的创新构想 | 1 | 2 | 3 | 4 | 5 | 6 | 7 |
| OV4 | 公司主张崇尚自由与创新变革 | 1 | 2 | 3 | 4 | 5 | 6 | 7 |
| RS1 | 我有空余时间去开发创意或寻找新方法 | 1 | 2 | 3 | 4 | 5 | 6 | 7 |
| RS2 | 我可以获得设备、器材来验证新想法 | 1 | 2 | 3 | 4 | 5 | 6 | 7 |

| RS3 | 我可以获取充分的信息、资料来进行创造性工作 | 1 | 2 | 3 | 4 | 5 | 6 | 7 |
|---|---|---|---|---|---|---|---|---|
| RS4 | 我有充足的时间去实现自己的新想法 | 1 | 2 | 3 | 4 | 5 | 6 | 7 |
| TC1 | 工作中，我可以用自己喜欢的方式去完成任务 | 1 | 2 | 3 | 4 | 5 | 6 | 7 |
| TC2 | 我的工作十分具有挑战性 | 1 | 2 | 3 | 4 | 5 | 6 | 7 |
| TC3 | 我可以自己决定工作中的大部分事情 | 1 | 2 | 3 | 4 | 5 | 6 | 7 |
| TC4 | 我能充分发挥聪明才智安排工作 | 1 | 2 | 3 | 4 | 5 | 6 | 7 |

## 第三部分：组织支持感

以下题项是您对组织提供支持的感知描述，请您根据实际情况在相应的数字上打"√"。
1=非常不符；2=不符合；3=基本不符；4=不确定；5=基本符合；6=符合；7=非常符合

| WS1 | 在工作中，组织会充分调动员工的积极性 | 1 | 2 | 3 | 4 | 5 | 6 | 7 |
|---|---|---|---|---|---|---|---|---|
| WS2 | 组织给员工提供合适的工作岗位 | 1 | 2 | 3 | 4 | 5 | 6 | 7 |
| WS3 | 组织重视员工的目标价值 | 1 | 2 | 3 | 4 | 5 | 6 | 7 |
| WS4 | 组织重视员工的建议 | 1 | 2 | 3 | 4 | 5 | 6 | 7 |
| WS5 | 在工作方面出现问题时，组织给予帮助 | 1 | 2 | 3 | 4 | 5 | 6 | 7 |
| WS6 | 组织在决策时会考虑员工的利益 | 1 | 2 | 3 | 4 | 5 | 6 | 7 |
| ES1 | 组织关心员工的生活是否幸福 | 1 | 2 | 3 | 4 | 5 | 6 | 7 |
| ES2 | 组织为员工及其家人提供医疗和健康服务 | 1 | 2 | 3 | 4 | 5 | 6 | 7 |
| ES3 | 员工在生活方面出现问题时，组织给予帮助 | 1 | 2 | 3 | 4 | 5 | 6 | 7 |
| ES4 | 组织为员工家属解决就业或求学问题 | 1 | 2 | 3 | 4 | 5 | 6 | 7 |

## 第四部分：核心自我评价量表

| 题号 | 题项 | 1. 完全不符合 | 2. 不完全符合 | 3. 一般 | 4. 符合 | 5. 完全符合 |
|---|---|---|---|---|---|---|
| 1 | 我坚信自己能够取得应有的成功 | | | | | |
| 2 | 有时候我会感到沮丧 | | | | | |
| 3 | 有时候当我失败了，我会觉得自己很没用 | | | | | |
| 4 | 我总能很出色地完成任务 | | | | | |
| 5 | 有时候，我感觉自己很难掌控自己的工作 | | | | | |
| 6 | 总体而言，我对自己很满意 | | | | | |

续表

| 题号 | 题项 | 1. 完全不符合 | 2. 不完全符合 | 3. 一般 | 4. 符合 | 5. 完全符合 |
|---|---|---|---|---|---|---|
| 7 | 我对自己的能力总是充满怀疑 | | | | | |
| 8 | 事业上的成功不由我控制 | | | | | |
| 9 | 我能够很好地处理好自己绝大部分的问题 | | | | | |

## 第五部分：组织对员工创新行为的支持情况

以下题项是您对组织提供支持的感知描述，请您根据实际情况在相应的数字上打"√"。

1=非常不符；2=不符合；3=基本不符；4=不确定；5=基本符合；6=符合；7=非常符合

| | | | | | | | | |
|---|---|---|---|---|---|---|---|---|
| EI1 | 在工作中我会主动寻求应用新技术、新流程或新方法 | 1 | 2 | 3 | 4 | 5 | 6 | 7 |
| EI2 | 我经常会产生一些有创意的点子或想法 | 1 | 2 | 3 | 4 | 5 | 6 | 7 |
| EI3 | 我会与别人沟通自己的想法 | 1 | 2 | 3 | 4 | 5 | 6 | 7 |
| EI4 | 为了实现自己的构想或创意，我会想办法争取所需要的资源 | 1 | 2 | 3 | 4 | 5 | 6 | 7 |
| EI5 | 我会积极地为落实创新性构想制定适当的计划和规划 | 1 | 2 | 3 | 4 | 5 | 6 | 7 |
| EI6 | 整体而言，我是一个有创新和创造性的人 | 1 | 2 | 3 | 4 | 5 | 6 | 7 |

请您检查一遍确保无遗漏，谢谢您的参与！

非常感谢您的耐心作答，再次祝您身体康健，生活幸福，工作愉快！

# 参考文献

［1］许颖. 组织支持感、心理资本与周边绩效关系研究［M］. 北京：北京燕山出版社，2016.

［2］简浩贤，童泽林. 组织支持激活员工的原理与方法［M］. 北京：北京燕山出版社，2016.

［3］李伟主编. 组织行为学［M］. 武汉：武汉大学出版社，2012.

［4］［日］佐藤刚. 组织管理［M］. 胡静译. 北京：北京时代华文书局，2016.

［5］单文慧，李玉玫. 人力资源管理［M］. 长春：吉林大学出版社，2019.

［6］［美］科特，赫斯克特. 企业文化与经营业绩［M］. 李晓涛译. 北京：中国人民大学出版社，2004.

［7］［美］兰斯·A. 搏格，多罗西·搏格. 人才管理［M］. 北京：中国经济出版社，2013.

［8］［美］斯蒂芬·P. 罗宾斯. 组织行为学精要［M］. 柯江华译. 北京：机械工业出版社，2003.

［9］熊彼特. 经济发展理论［M］. 北京：华夏出版社，2015.

［10］比尔慷纳狄，拉姆喳兰. 人才管理大师一：为什么聪明的管理者先培养人才再考虑绩效［M］. 刘勇军，朱洁译. 北京：机械工业出版社，2012.

［11］孟华兴. 创新驱动背景下知识型员工管理［M］. 北京：中国经济出版社，2017.

［12］［英］伯纳德·马尔（Bernard Marr）．人力资源数据分析［M］．张成译．北京：机械工业出版社，2019．

［13］李默成．这样激励员工，才能带好团队［M］．北京：台海出版社，2019．

［14］白睿．绩效管理全流程实战方案［M］．北京：中国法制出版社，2019．

［15］王菁．企业伦理与社会责任［M］．北京：经济科学出版社，2019．

［16］新时代背景下企业人力资源管理研究［M］．长春：吉林大学出版社，2019．

［17］Arash Shahin，Javad Shabani Naftchali，Javad Khazaei Pool. Developing a Model for the Influence of Perceived Organizational Climate on Organizational Citizenship Behaviour and Organizational Performance based on Balanced Score Card［J］. International Journal of Productivity and Performance Management，2014，63（3）：7-14.

［18］Evert Van de Vliert，Onne Janssen，Gerben S. Van der Vegt. Hard or Easy? Difficulty of Entrepreneurial Startups in 107 Climato-Economic Environments［J］. Applied Psychology，2016，65（3）：9-10.

［19］隋杨，陈云云，王辉．创新氛围、创新效能感与团队创新：团队领导的调节作用［J］.心理学报，2012，44（2）：237-248．

［20］Soo Young Jun. Retracted：The Mediating Effect of Social Capital on the Relationship between Public Health Managers' Transformational Leadership and Public Health Nurses' Organizational Empowerment in Korea Public Health［J］. Asian Nursing Research，2017，11（4）：7-14.

［21］Mar Bornay-Barrachina，Alvaro López-Cabrales，Ramón Valle-Cabrera. How Do Employment Relationships Enhance Firm Innovation? The Role of Human and Social Capital［J］. The International Journal of Human Resource Management，2017，28（9）：7-14.

［22］孙健敏，陈乐妮，尹奎.挑战性压力源与员工创新行为：领导—成员交换与辱虐管理的作用［J］.心理学报，2018，50（4）：436-449.

［23］黄炯.权力距离、组织承诺对员工创新行为的影响研究［D］.浙江大学博士学位论文，2019.

［24］苏屹，周文璐，崔明明，赵健宇.共享授权型领导对员工创新行为的影响：内部人身份感知的中介作用［J］.管理工程学报，2018，32（2）：17-26.

［25］谢礼姗，关新华.个体与组织情景因素对旅游服务员工创新行为的影响［J］.旅游学刊，2015，2（30）：79-82.

［26］陆欣欣，孙嘉卿.领导—成员交换与情绪枯竭：互惠信念和权力距离导向的作用［J］.心理学报，2016，48（5）：566-577.

［27］宋典，袁勇志，张伟炜.创业导向对员工创新行为影响的跨层次实证研究——以创新氛围和心理授权为中介变量［J］.科学学研究，2011，29（8）：1266-1272.

［28］朱希铎.企业发展新机遇：创新驱动转型升级［J］.名家专栏，2016（2）：17-19.

［29］高传贵.企业自主创新内生性驱动因素的影响机制与系统构建研究［D］.山东大学博士学位论文，2018.

［30］丁刚，李珲.工作特征如何影响员工创新行为：一个有中介的调节作用模型［J］.中国人力资源开发，2016（22）：19-28.

［31］刘臻.组织公平对员工创新力影响的实证研究［D］.上海交通大学博士学位论文，2012.

［32］钱楚.高绩效工作系统对新生代知识型员工创新绩效的影响研究［D］.合肥工业大学博士学位论文，2018.

［33］吴治国.变革型领导、组织创新氛围与创新绩效关联模型研究［D］.上海交通大学博士学位论文，2008.

［34］刘云，石金涛.基于 KEYS 的组织创新氛围量表开发［J］.工业工程

与管理，2009（4）：7-9.

[35] 杨百寅，连欣，马月婷.中国企业组织创新氛围的结构和测量[J].科学学与科学技术管理，2013（8）：43-55.

[36] 白云涛，王亚刚，席酉民.多层级领导对员工信任、工作绩效及创新行为的影响模式研究[J].管理工程学报，2008，22（3）：24-29.

[37] 薛靖.创意团队成员个人创新行为影响因素实证研究[D].浙江大学博士学位论文，2006.

[38] Akram（兰雅）.中国服务型企业关系型领导对员工创新工作行为的影响[D].东华大学博士学位论文，2018.

[39] 郭盟.团队—成员交换对团队绩效的影响研究[D].哈尔滨工业大学博士学位论文，2017.

[40] 石冠峰，杨高峰.真实型领导对员工创新行为的影响：领导—成员交换和心理授权的中介作用[J].领导科学，2015（9）：30-32.

[41] 陈文沛.创业型领导影响员工创新行为多重中介效应的比较[J].技术经济，2015，10（34）：29-33.

[42] Muhammad Abdur Rahman Malik，Arif N. Butt，Jin Nam Choi. Rewards and Employee Creative Performance：Moderating Effects of Creative Self-efficacy，Reward Importance，and Locus of Control[J]. Journal of Organizational Behavior，2015，36（1）：7-14.

[43] 王慧娟.授权型领导对员工创新行为的影响研究——心理可得性及组织支持感的作用[D].浙江工商大学硕士学位论文，2015.

[44] 张凤华.基于心理资本的组织支持感对知识员工创新行为的影响研究[D].山东财经大学硕士学位论文，2013.

[45] 龚晓琦.创业企业家精神的影响因素研究[D].扬州大学博士学位论文，2015.

[46] 陈志霞，廖建桥.组织支持感及其前因变量和结果变量研究进展[J].人类工效学，2011，17（2）：19-23.

[47] P. Yukthamarani Permarupan, Abdullah Al-Mamun, Roselina Ahmad Saufi, Noor Raihani Binti Zainol. Organizational Climate on Employees' Work Passion: A Review [J]. Canadian Social Science, 2013, 9 (4): 7-14.

[48] 刘迎. 组织支持感与反生产行为的关系研究: 工作复杂性的调节作用 [D]. 东北财经大学硕士学位论文, 2015.

[49] 陈文沛. 创业型领导、心理授权与员工创新行为[J]. 技术经济与管理研究, 2015 (10): 45-49.

[50] 张凤华. 基于心理资本的组织支持感对知识员工创新行为的影响研究 [D]. 山东财经大学硕士学位论文, 2013.

[51] 黄秋风, 唐宁玉. 内在激励 VS 外在激励: 如何激发个体的创新行为 [J]. 上海交通大学学报 (哲学社会科学版), 2016, 24 (5): 70-78.

[52] 王辉, 常阳. 组织创新氛围、工作动机对员工创新行为的影响 [J]. 管理科学, 2017, 30 (3): 51-62.

[53] Feifei Ren, Jinghuan Zhang. Job Stressors, Organizational Innovation Climate, and Employees' Innovative Behavior [J]. Creativity Research Journal, 2015, 27 (1): 7-14.

[54] Hirst G., van Knippenberg D., Zhou J.A Cross-Level Perspective on Employee Creativity: Goal Orientation, Team Learning Behavior, and Individual Creativity [J]. The Academy of Management Journal (AMJ), 2009, 52 (2): 280-293.

[55] 黄燕斌. 企业家精神对员工创新行为的影响研究 [D]. 浙江财经大学博士学位论文, 2019.

[56] 李丛雪. 领导成员交换对知识型员工创新行为的影响研究 [D]. 首都经济贸易大学博士学位论文, 2018.

[57] 朱纳宇. 薪酬制度退耦对员工创新行为影响的跨层次研究 [D]. 东北财经大学博士学位论文, 2018.

[58] 阎亮, 张治河. 组织创新氛围对员工创新行为的混合影响机制 [J].

科研管理，2017，38（9）：97-105.

[59] 顾远东，周文莉，彭纪生. 组织创新支持感对员工创新行为的影响机制研究 [J]. 管理学报，2014，11（4）：548-609.

[60] 刘智强，邓传军，廖建桥，龙立荣. 组织支持、地位认知与员工创新：雇佣多样性视角 [J]. 管理科学学报，2015，18（10）：80-94.

[61] 罗漫. 承诺型人力资源管理实践、知识共享与员工创新的关系研究 [D]. 首都经济贸易大学博士学位论文，2018.

[62] 刘斌. 创新氛围感知、工作幸福感对员工创新行为的影响研究 [D]. 西北大学博士学位论文，2018.

[63] 郝一霖. 包容型领导对创新行为的影响 [D]. 浙江理工大学博士学位论文，2019.

[64] 张婧. 创新结果预期对员工创新行为的影响研究 [D]. 华侨大学博士学位论文，2018.

[65] 杨洋，耿洁，徐忠建. 供应商参与服务创新：员工行为与组织氛围的影响 [J]. 系统工程，2016（8）：82-92.

[66] 朱瑜，王凌娟，李倩倩. 领导者心理资本、领导—成员交换与员工创新行为：理论模型与实证研究 [J]. 外国经济与管理，2015（5）：36-51.

[67] 昌旭晓. 员工心理资本与创新行为关系的实证研究——以新疆上市公司为例 [J]. 北方经贸，2014（8）：77-78.

[68] 魏江茹，许菁，黄卫东. 关系型、创新型心理资本对创新行为的影响研究——基于印象预期视角 [J]. 南京邮电大学学报，2014（3）：32-39.

[69] 张振刚，李云健，李娟娟. 心理资本、创新氛围感知与创新行为关系研究 [J]. 中国科技论坛，2015（2）：119-124.

[70] 高建丽，孙明贵. 研发人员心理资本、组织支持感对敬业度的作用路径 [J]. 科技管理研究，2015（1）：231-236.

[71] 牟格格，宋洪峰，毛宇飞. 心理资本、社会资本对工作绩效的影响及组织支持感的调节作用 [J]. 人力资源管理，2016（5）：43-45.

［72］张红丽，胡成林.组织支持感对组织公民行为的影响机制——基于心理资本中介效应模型的研究［J］.商业研究，2015（7）：112-120.

［73］韦彩云.组织创新氛围对员工创新行为的影响研究［D］.辽宁大学博士学位论文，2018.

［74］张馨予.领导风格、组织创新氛围与创新绩效的关系研究［D］.河北大学博士学位论文，2017.

［75］张晓宏.服务企业创新氛围影响创新绩效的路径研究［D］.中北大学博士学位论文，2016.

［76］施松伯.领导风格、员工自我效能感与创新绩效的关系研究［D］.苏州大学博士学位论文，2016.

［77］何倩倩.组织创新氛围对员工创新行为的影响研究［D］.西安工程大学博士学位论文，2015.

［78］Allen，D.G.，Shore，L.M.，Grif Feth，R.W. The Role of Perceived Organizational Support and Supportive Human Resource Practices［J］. Theturnover Process Journal of Management，2003，29（1）：99-118.

［79］Avey J. B.，Patera J. L.，West B. J. The Implications of Positive Psychological Capital on Employee Absenteeism［J］. Leadership & Organizational Studies，2006（13）：42-60.

［80］Cole K.Well Being，Psyehological Capital，Ployment：An Integrated Theory［R］. Pa Per Presented at the Joint Annual Conference of the International Association for Research in Eeonomic Psychology and the Society for the Advancement of Behavioral Eeonomies（SABE），Paris，France，2006(7)：25-27.

［81］武晓娟.让创新成为民富国强的制胜法宝［EB/OL］. http：//m.ce. cn/bwzg/201710/24/t20171024_26638623.shtml，2017-10-24.

［82］张淼.中国跻身全球创新25强［N］.人民日报（海外版），2016-08-17（001）.

［83］徐蔚.G20国家创新竞争力评价：中国创新竞争力第八［N］.中国

经济时报，2017-07-07（001）.

[84] 司建楠.产出高基础差——中国创新竞争力仍待提升 [N].中国工业报，2013-09-17（A02）.

[85] 陈玉.领导成员交换对员工创新行为的影响研究 [D].西南财经大学博士学位论文，2014.

[86] 李建军.创新导向、组织氛围对知识型员工创新行为的影响机制研究 [D].吉林大学博士学位论文，2016.

[87] 黄荻锯.工作环境对知识型员工创新行为影响机理研究 [D].西南财经大学博士学位论文，2014.

[88] 段锦云，王娟娟，朱月龙.组织氛围研究：概念测量、理论基础及评价展望 [J].心理科学进展，2014，22（12）：1964-1974.

[89] 袁洛阳.组织氛围与员工创造力的关系研究 [D].首都经济贸易大学博士学位论文，2017.

[90] 卢小溪.关于组织气氛的研究综述 [J].北京行政学院学报，2013（2）：85-88.

[91] 李云梅，李大为，胡阳.团队氛围、团队心理安全感对研究生科研能力的影响 [J].高等工程教育研究，2014（6）：112-117.

[92] 王士红，徐彪，彭纪生.组织氛围感知对员工创新行为的影响——基于知识共享意愿的中介效应 [J].科研管理，2013，34（5）：130-135.

[93] 张华磊，袁庆宏，王震，黄勇.核心自我评价、领导风格对研发人员跨界行为的影响研究 [J].管理学报，2014，11（8）：1168-1176.

[94] 张剑，郭德俊.环境因素与创造性关系的社会心理学理论 [J].心理科学，2003（2）：263-267.

[95] 王震，孙健敏.核心自我评价、组织支持对主客观职业成功的影响：人—情境互动的视角 [J].管理学报，2012，9（9）：1307-1313.

[96] 吴治国，石金涛.员工创新行为触发系统分析及管理启示 [J].中国软科学，2001（3）：92-98.

［97］许勤，席猛，赵署明.基于工作投入与核心自我评价视角的辱虐管理与员工主动行为的研究［J］.管理学报，2015，12（3）：347-354.

［98］隋杨，陈云云，王辉.创新氛围、创新效能感与团队创新：团队领导的调节作用［J］.心理学报，2004，44（2）：237-248.

［99］孙健敏，王震，胡倩.核心自我评价与个体创新行为：集体主义导向的调节作用［J］.商业经济与管理，2011，234（4）：27-33.